[日] 高松康平 —— 著　尹茜 陈广琪 —— 译
Kohei Takamatsu

企业经营问题分析与解决

筋の良い仮説を生む 問題解決の「地図」と「武器」

北京时代华文书局

图书在版编目（CIP）数据

企业经营问题分析与解决 /（日）高松康平著；尹茜，陈广琪译. -- 北京：北京时代华文书局，2025.1.（2025.5 重印）

ISBN 978-7-5699-5765-5

Ⅰ . F272.3

中国国家版本馆 CIP 数据核字第 2024H75L89 号

Suji no Yoi Kasetsu wo Umu Mondaikaiketsu no [Chizu] to [Buki]
by Kohei Takamatsu
Copyright © 2020 Kohei Takamatsu
Simplified Chinese translation copyright ©2025 Beijing Times Chinese Press,
All rights reserved.
Original Japanese language edition published by Asahi Shimbun Publications Inc.
Simplified Chinese translation rights arranged with Kohei Takamatsu c/o The Appleseed Agency Ltd.
and Asahi Shimbun Publications Inc.
through Hanhe International(HK) Co., Ltd.

北京市版权局著作权合同登记号 图字：01-2020-7061

QIYE JINGYING WENTI FENXI YU JIEJUE

出 版 人：陈　涛
策划编辑：周　磊
责任编辑：周　磊
责任校对：陈冬梅
装帧设计：程　慧　迟　稳
责任印制：刘　银

出版发行：北京时代华文书局 http://www.bjsdsj.com.cn
　　　　　北京市东城区安定门外大街 138 号皇城国际大厦 A 座 8 层
　　　　　邮编：100011　电话：010-64263661　64261528

印　　刷：河北京平诚乾印刷有限公司
开　　本：880 mm×1230 mm　1/32　　成品尺寸：145 mm×210 mm
印　　张：7　　　　　　　　　　　　字　　数：141 千字
版　　次：2025 年 1 月第 1 版　　　　印　　次：2025 年 5 月第 2 次印刷
定　　价：48.00 元

版权所有，侵权必究
本书如有印刷、装订等质量问题，本社负责调换，电话：010-64267955。

前　言

哎呀？思路陷入了死循环

本书的主题是商务现场的思考能力（解决问题能力）。
各位读者是否有以下经历呢？

在思考10分钟后，自己有了一些思路。
但继续思考1小时后，与最开始的10分钟相比，自己的思路几乎还是停留在原地。
就算试着苦思冥想一整天，结果还是发现自己的思路陷入了死循环，于是感到心烦意乱。

我也经历过这种窘境。工作毫无进展，忙活了一个通宵却发现"哎呀？思路陷入了死循环"，这种欲哭无泪的感觉真是令人痛苦的回忆。
这就好比，现在不知道自己在哪里，不明白自己接下来该干些什么，只知道一个劲儿着急。像这样思路陷入死循环的时候，自己表面上看起来在思考问题，实则早已迷失了方向。

一旦陷入这种窘境，那么不论花多少时间，我们都无法前进半步。

为了尽量不让自己迷失方向，我们需要拿起"地图"，确认自己所在的位置。

要想依靠地图前行，思维的"武器"是不可或缺的。

在本书中，我将向各位读者介绍"解决问题地图"，而这幅"地图"就是解决问题的关键。

我还会在本书中介绍思考的"七种武器"。

在这七种武器中，"部门负责人的视角"是重中之重，因为有助于我们建立合理的假设。

通过建立合理的假设，我们在思考问题时将不再踌躇不前，也不会失去方向。

要想解决问题,"地图"和"武器"不可或缺

我是高松康平,很高兴能与各位读者见面,我就职于商业突破(Business Breakthrough,BBT)大学,担任每年约有5000名学员上课的解决问题能力(思考能力)讲座的负责人,我也担任解决问题相关课程的讲师,我还在企业进行培训。我每年约有100天时间授课。

这些学员将来大都会成为企业的高层管理者。

之所以有这么多学员和企业员工想要掌握解决问题能力,我认为是因为尽管不同行业存在巨大差异,但是大家对未来危机的感知是共通的,并且随着这种危机感不断加强,企业要求一线员工也必须具备独立思考及解决眼前面临的问题的能力。不论时代如何变迁,解决问题能力的重要性都是不可动摇的。迄今为止,社会上开展的"解决问题能力培训"中的不少内容已无法满足一线的需求了。因此,我耗费三年时间,从零开始制订了全新的教学计划。

关于提升解决问题能力的书籍非常多,但我认为其中的内容对于一线管理人员而言并不完全适用,具体原因有三个。

第一,这些书对多数框架的介绍极为松散,令人无法俯瞰业

务的整体情况。这些书籍往往分开介绍各类知识和框架，并不会从整体的角度说明这些框架的关系，导致读者无法理解应该在何时、如何灵活运用这些知识和框架。

第二，这些书在教导读者掌握建立假设的技巧时不够细致。这些书侧重外部环境分析等信息收集方面的内容，却不细心教导读者建立假设的技巧。为建立合理的假设，我们必须有丰富的经验与判断力，但这些书中往往没有教导读者如何掌握建立假设的技巧。这样一来，不论多久，读者都没法掌握建立假设的能力。

第三，大多数书籍内容过于浅显，只适用于职场新人。我认为多数商务书籍都以职场新人为目标读者，对部门负责人而言，其中的内容过于浅显。罕有书籍不仅介绍解决问题的基本流程，还能让人从中学到知识，掌握如何从竞争中胜出、在经营中获利的诀窍。

为解决这些书籍、研修课题空洞无物的痼疾，我将BBT大学"解决问题能力"培训课程的精华进行总结，写下了这本书作为"解决全新问题的教科书"。

本书着眼于以下三个关键点。

第一，着眼于整体业务，不再止步于局部，让读者掌握找出课题的能力。我们应当俯瞰整体业务，不止步于自己负责的领域，发挥自己的能力，独立找出课题。我认为仅仅学习单个理论，是无法将东拼西凑的知识统合在一起使用的。因此，我将向各位读者介绍技巧，帮助各位读者在俯瞰整体业务的同时拓展思维技巧。

第二，让读者掌握建立假设的能力，而非在收集信息之后才开始思考。在解决问题层面，收集信息的工作是重中之重。然而，我们只有先建立合理的假设，再为验证假设而收集信息，才能达到事半功倍的效果，而非不管三七二十一，动动手指在网络上漫无目的地收集各种信息。我认为，罕有书籍教导读者如何建立合理的假设，本书将会介绍建立合理的假设以及验证假设的技巧。

第三，本书的目标读者是部门负责人而非职场新人。本书以公司核心部门的负责人为目标读者，不太适合职场新人与高层管理者阅读，更加适合部门负责人、小团队管理者等阅读。想在未来成为管理者并希冀大显身手的读者也可以阅读本书。

我从学校毕业后先加入麦肯锡日本分公司，在具备基础工作能力之后，历经多家公司直至现在在BBT大学工作。向读者提到这些事情，各位读者或许会觉得建立合理的假设是我的看家本领，但实际上，我当初也曾四处碰壁。

我自己每天都在工作截止日期和业绩的压力之中煎熬，没日没夜地为如何思考才能比较好地解决问题而烦恼。在迷失其中之后，我失去了自己的立足点，几乎成了"迷途的羔羊"。

以此为初心，我不断钻研如何建立合理的假设，抱着写出"当时的我最希望读到的书"的信念，终于完成了这本书。

提到解决问题，细究起来并非难于登天。

通过掌握"地图"和"七种武器"，我们可以逐渐把解决问题的煎熬时刻化为畅快的旅行时光，不再让自己在思维的死胡同里打转。

那么，让我们携手开启这趟解决问题的旅行吧！

高松康平

目 录

序 章 | 解决问题的地图 …………………………… 1

第 1 章
第一步　分析现状 …………………………… 23
第一种武器
抽丝剥茧划分法 …………………………… 35

第 2 章
第二步　认识问题 …………………………… 49
第二种武器
找寻痛点与亮点 …………………………… 55

第 3 章
第三步　收集信息 …………………………… 67
第三种武器
部门负责人的视角 …………………………… 79

第4章

第四步　提炼课题 …… 109

第四种武器
归纳海量信息 …… 124

第5章

第五步　确定解决方案的方向 …… 141

第五种武器
四大战略理论 …… 146

第6章

第六步　思考创意 …… 171

第六种武器
让创意升级 …… 173

第7章

第七步　评估 …… 187

第七种武器
冷静选择 …… 191

结　语 …… 209

序 章

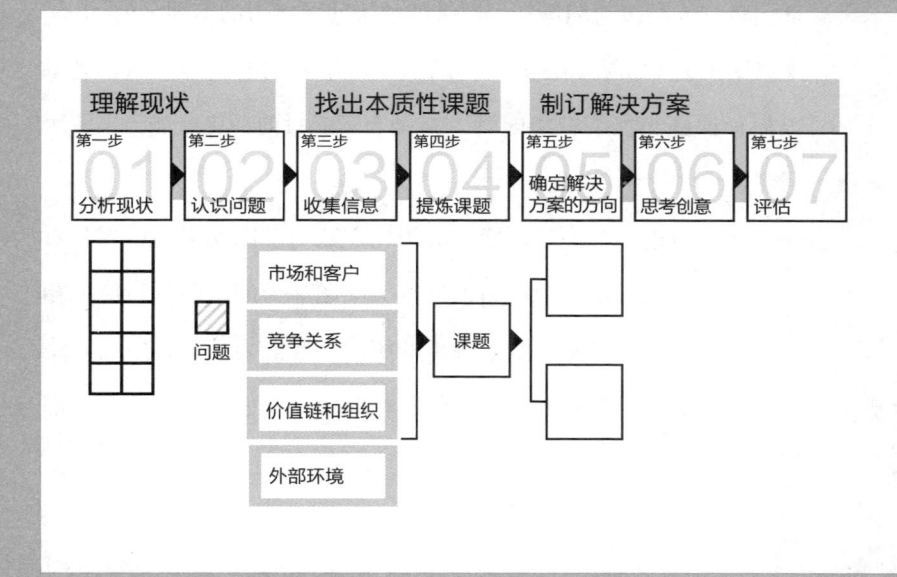

解决问题的地图

理解现状		找出本质性课题		制订解决方案		
第一步 01	第二步 02	第三步 03	第四步 04	第五步 05	第六步 06	第七步 07
分析现状	认识问题	收集信息	提炼课题	确定解决方案的方向	思考创意	评估

- 问题
- 市场和客户
- 竞争关系
- 价值链和组织
- 外部环境
- 课题

本书以部门负责人需要的解决问题能力为主题，这里先介绍部门负责人层级与职场新人层级的解决问题能力的不同之处。

下图是学员在BBT大学的培训中可学习到的内容，纵轴表示以何种课题为抓手解决问题，横轴表示通过何种思考能力来解决问题。

迄今为止，解决问题能力的培训多数与下图左下角区域相对应，这一区域与培训职场新人的解决问题能力的范畴相对应。相对而言，我认为当下多数人寻求的解决问题能力培训，应与围绕职场新人层级培训之外的图形部分相对应，我们可以称之为"部门负责人层级的解决问题能力研修"。

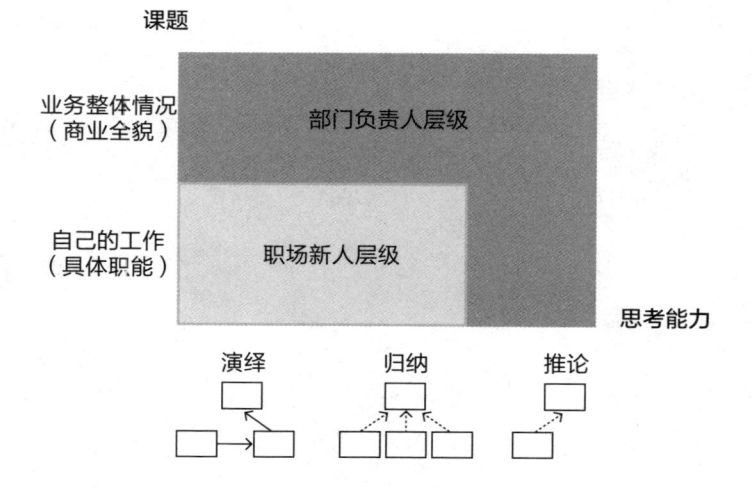

虽然很多商务书籍与培训机构都会介绍如何提高解决问题的能力，但大部分是针对职场新人层级的，然而现在多数读者需要的是针对部门负责人层级的相关内容。

俯瞰整体业务，摆脱本职工作的束缚

纵轴表示面对主要课题，不同职级的人从何处着手解决问题。职场新人往往只会埋头解决自身工作中出现的问题，例如销售人员只顾解决销售问题、生产人员只顾解决生产问题。但随着职级提升，如果我们仅仅埋头处理自身专业领域的问题，路就会越来越窄。

归根结底，我们需要跳出自身的职责范围，处理与整体业务相关的问题。举个例子，有个人一直从事销售工作，如果他想要干出一番成绩，并且出人头地，那么这个人在今后的工作中就要着力解决整体业务的问题。

此时，他需要拥有俯瞰整体业务的能力，而不局限于销售工作上。

在实际工作中，他要逐步提高自己的专业性，涵盖与自身专业工作不搭界的领域，才能俯瞰整个企业的状况。他还必须思考如何发展专项业务、如何源源不断地增加企业的利润。

这时候，他需要用到的便是统合各种知识并综合运用的能力。他必须把战略、商业模式、财务、金融、组织架构、人力资源等各方面知识统合起来，灵活运用，进而解决、处理问题。但各方面的知识犹如一盘散沙，把这些知识合而为一、灵活运用谈何容易。因此，本书的着眼点是如何系统性地整理这些知识，将其应用于解决整体业务的相关问题上。

我们往往要在达到部门负责人甚至总经理层级后，才能体验到如何从整体的角度全面地观察业务。话虽如此，但我们不能等到成为部门负责人甚至总经理才去试图掌握思考业务整体情况的能力，那就为时已晚了。想要成为公司的核心并大显身手，我们需要从现在开始，掌握把控整体业务的思考能力。这样我们就可以俯瞰业务的整体情况，在自己的工作岗位上取得出色的业绩。

本书主题以解决一项业务（单一业务）存在的问题为主。不过，如果我们成为企业经营者，就需要以多项业务为主题进行思考。我们现在还是以找到解决单一业务存在的问题的方法为主，开始这趟学习之旅！

除了演绎法和归纳法，推论能力（假设能力）也必不可少

第2页图的横轴表示解决问题需要运用的思考能力。

在解决职场新人层级对应的问题时，我们需要的思考能力主要为"演绎法"和"归纳法"，但在解决部门负责人层级对应的问题时，"推论能力"一直以来都是必不可少的。下文将会先说明演绎法和归纳法是何种思考能力。

我先为各位读者介绍演绎法和归纳法。

演绎法与归纳法

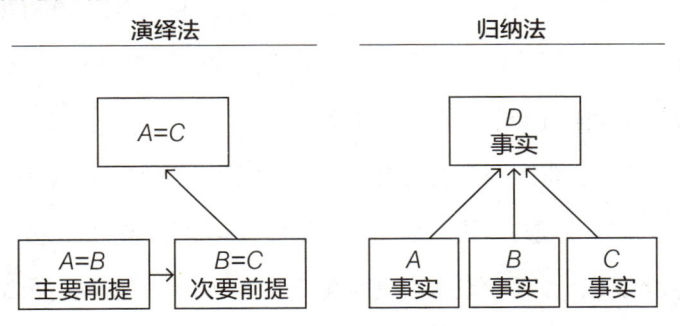

演绎法

```
        A=C
         ↑
    ┌────┴────┐
  A=B       B=C
 主要前提 → 次要前提
```

归纳法

```
        D
       事实
        ↑
    ┌───┼───┐
   A    B    C
  事实  事实  事实
```

演绎法是指，从主要前提$A=B$与次要前提$B=C$开始，推导出结论，即$A=C$。演绎法有个著名的例子："人会死"（主要前提），因为"苏格拉底是人"（次要前提），所以我们可以推导出结论：苏格拉底会死。

这种思维法的关键点在于主要前提、次要前提都源于观察到的事实，从这些事实中推导出确凿的前提，才能够推导出正确的结论。总之，这种思维方法是非常严密的。

归纳法是指从众多事实中提炼出逻辑原理。其关键点在于，通过总结A事实、B事实、C事实以及其他众多事实，推导出貌似合理的结论。虽然归纳法的逻辑不如演绎法那么严密，但从众多事实中推导出的结论，其可信度也是很高的。

演绎法和归纳法这两种思维法基于逻辑思维，在解决职场新人层级对应的问题时被视为重要手段。尤其在想让对方更容易理解自己传达的信息时，这些思维法非常管用。但是，在解决部门负责人层级对应的问题时，不仅演绎法和归纳法很重要，推论能力（假设能力）也变得非常重要。

部门负责人经常要面对各种复杂问题。他们必须解决职场新人从未处理过的问题，也几乎无法借鉴其他公司的解决办法。在这种时候，如果我们认为只要简单汇集一下情报就能得出结论，那只会导致惨败。

在看不到前路、风雨飘摇的情况下，我们很难用非常严密的思维方法推导得出结论。现在，我们需要逐步掌握基于眼前的事实，建立假设，并验证假设，进而推进工作的能力。

我们不仅要能够使用演绎法和归纳法周密考虑如何解决问

题，还要能够在迷失方向时，通过验证假设的方式化解难题。

"假设→寻求验证型"问题的解决方法

我觉得现在人们日益重视假设验证能力，对此BBT大学提供的培训内容也有了翻天覆地的变化。

迄今为止，多数培训的内容如第8页的左图所示，首先收集所有事实，将其分门别类加以梳理，然后归纳得出结论，但现在，越来越多的人迫切需要如第8页右图所示内容的培训，学习如何建立假设并验证其真实性。建立假设、验证假设，根据不同场景，以假设为基础，推进实践、验证；再基于验证所得的结果，不断验证假设。这种根据假设推进解决问题进程的能力，对管理者来说是至关重要的。

问题解决能力培训的内容正逐渐进步

即使寻找、归纳情报，仍得不到答案

归纳总结 ← 归纳事实 ← 事实

假设 → 反复验证，做出回答

假设 → 验证 → 假设 → 验证 → 假设 → 验证

部门负责人层级对应的问题难以解决的两大原因

我在前文已经为各位介绍了何为部门负责人层级对应的问题。

然而，与解决职场新人层级对应的问题相比，解决部门负责人层级对应的问题的难度大大增加，主要原因有两点。

第一，不知道下一步该做什么好，缺乏方向感；

第二，无法建立合理的假设。

下面，我来详细说明这两个原因。

部门负责人层级对应的问题难以解决的原因①
不知道下一步该做什么好，缺乏方向感

　　部门负责人层级对应的问题难以解决的第一个原因是：不知道下一步该做什么好，缺乏方向感。未曾处理过整体业务问题的人，根本不懂如何做才能推进解决问题的进程。一旦茫然无措，他们往往就不管三七二十一，先忙于收集信息，但他们并未深刻理解为何需要信息、需要哪些信息。他们往往在收集完信息后，才开始思考如何充分利用收集到的信息。

　　如果我们每次都要思考下一步该怎么走，那么工作效率就会非常低，只能疲于应付。若是一个劲儿地重复这种行为，意识不到应该根据假设收集情报并进行思考，那么我们最后就会迷失前进的方向，彻底沦为迷途的羔羊。

　　我也曾有过迷失前进方向的经历。回首迄今为止的顾问生涯，我觉得最煎熬的经历当数迷失方向，而非熬夜加班。

　　从头一天晚上开始埋头奋战到第二天早上八点，结果工作压根没有进展，这是让我感觉最为痛苦的事情。那种绝望感让人刻骨铭心。

　　如果通宵工作就能确保如愿以偿的话，那么我们大概会感到轻松自在。

如果通宵工作就可以完成任务，那么我们大概也会竭尽全力熬夜。

这种通宵工作的做法可能并不值得提倡，但我并非想要讨论通宵工作正确与否。我想要强调的是，我们在耗费了时间和精力之后，能否取得一些思考的成果。

经过一个小时思考，我们能否得到与之相应的成果？

经过一天思考，我们能否得到与之相应的成果？

经过一周思考，我们能否得到与之相应的成果？

如果没有解决问题的能力，仅仅耗费相应的时间和精力，我们的思考未必能够取得进展。

部门负责人层级对应的问题难以解决的原因②
无法建立合理的假设

如果我们要想掌握解决部门负责人层级对应的问题的能力，就要学会建立假设。建立假设是指评估以下问题，并进行推论：

- 在当前情况下，是否暗藏着此类事实？
- 如此行事，能否顺利进行？

总而言之，建立假设是制订临时方案，这并不是一件非常难的事情。

如果我们解决企业整体问题的经验较少，就无法建立合理的假设，而所谓合理的假设是指接近事实的可靠的方案。

如果我们能建立合理的假设，那就可以高效思考，快速找到解决问题的思路。

但是建立合理的假设并不容易，这是因为以下三点。

首先，每个人的经验都是有限的。很少有人拥有从整体的角度推动商业活动的经验。由于我们难以设想自身未曾经历过的事，所以很难扩大视野并建立合理的假设。

其次，就算我们有心学习建立假设的技巧，但现有的管理类书籍大多强调：必须有丰富的经验，才能建立合理的假设。可在我看来，如果一个人等积累了大量经验后再学习如何建立合理的假设，那就为时已晚了。

最后，各位读者往往会想要不断提高自己的专业程度，但随着自身专业程度的提高，我们容易落入专业知识的陷阱、形成专业偏见，这是人的天性。虽然人的天性大多对生存有帮助，但这会导致自身的眼界不断变窄。

因此，我们需要装备"武器"，才能有意识地建立起假设。

至此，我向各位介绍了解决部门负责人层级对应的问题的难点。如果我们能攻克这些难点，就能逐步从整体的角度解决企业面临的问题。

在遇到未曾经历的难题却又不得不处理时，我们可以逐步学会做出推论："这个地方有问题吧？""这么做的话，应该能顺利进行下去吧？" 我觉得，要达到这种水平，仅仅阅读目前市面上介绍解决职场新人层级对应的问题的书籍，已经满足不了大家的需求了。

当看到某种结果出现时，我们会设想导致其存在的原因。要想建立这样的假设，我们需要从整体的角度理解企业，知道企业运转良好的原因是什么、运转不畅的原因又是什么。我们只有洞悉了企业的成功法则与失败法则，才能建立合理的假设。总而言之，我们必须积累与企业运营相关的各类知识。

现有的解决问题的书籍侧重于如何思考，但没有对如何理解商业事实进行详细解说。因此，如果读者打算将这些书中的知识直接运用到商业运营中，往往会遇到各种各样的问题。

我认为，我们只有掌握了关于战略与商业模式的基本知识，才能在实际业务中灵活运用各种思考的方法。

归根结底，掌握解决问题能力并将之运用到实际业务中的关键在于：

①自己要对事物有完整的认识，才能确保不迷失方向；

②掌握建立合理的假设的核心。

以上两点至关重要。

在本书中，我将介绍本人独创的框架，并逐步帮助大家提高解决问题的能力，以此帮助各位读者把握以上两个关键。

不要做迷途的羔羊，快拿起"解决问题地图"

我独创的框架中最重要的便是"解决问题地图"，它可以让我们不迷失方向。

如果我们要想避免在解决问题的时候迷路，就需要满足下面三个条件。

①**知道自己身在何处**。我们要知道自己想去往何处、自己现在身在何处。换言之，我们要拥有解决问题的地图。

②**思考自己下一站该去往何处**。我们要能一边利用地图，一边思考自己下一站该去往何处。换言之，通过建立合理的假设，我们就能想出下一步该做什么。

③**确认走过的道路是否正确**。我们要确认自己的思考方向是否正确。如果方向是正确的，那么我们就可以继续往前走；如果方向是错误的，那么我们就要及时回到正确的道路上。

因此，我们需要使用地图，从整体的角度解决问题。

我将在下文为各位介绍何为"解决问题地图"。解决问题地图可以用于解决企业整体的问题。这张地图也是一张俯瞰图，我们可以使用这张地图确认自己身在何处，下一步该如何行事，还可以确认自己前进的方向是否正确。

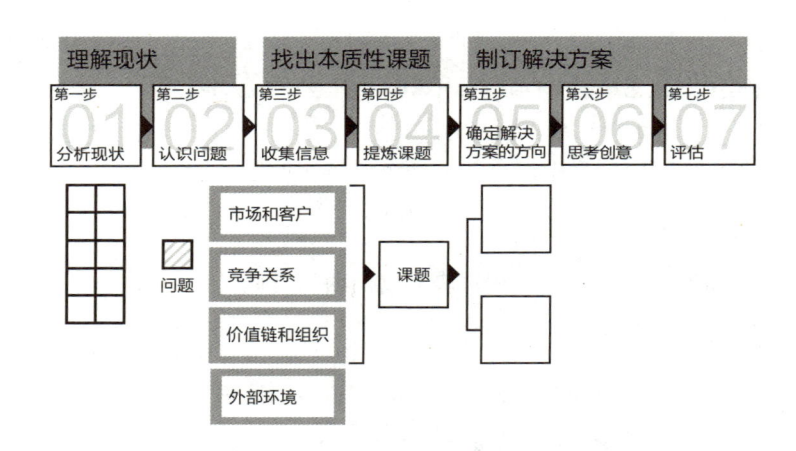

理解现状		找出本质性课题		制订解决方案		
第一步	第二步	第三步	第四步	第五步	第六步	第七步
01	02	03	04	05	06	07
分析现状	认识问题	收集信息	提炼课题	确定解决方案的方向	思考创意	评估

问题 → 市场和客户 / 竞争关系 / 价值链和组织 / 外部环境 → 课题

解决问题地图展现出的解决问题的阶段

解决问题的主要流程包括三个阶段。

第一个阶段为理解现状。我们要先通过调查现在发生了什么事情，探明问题发生在"何处"，即出现问题的地方，因此第一步被称为"Where"。

第二个阶段为找出本质性课题。我们要找出引发问题的最深层次事实——本质性课题，查明"为何"会出现问题，因此第二步被称为"Why"。

第三个阶段为制订解决方案。由于这是思考"如何"解决课题的过程，因此被称为"How"。

解决问题的流程为：理解现状（Where）→找出本质性课题（Why）→制订解决方案（How）。

我在此为本书出现的词语做出定义。
- "问题"是指理想状态与现实情况之间的差距。
- "原因"是指引发问题的事实。引发问题的原因往往不止一个，因此我们不能光盯着某一个原因思索解决问题的对策。
- "课题"是指众多原因引发的问题的最深层次事实。"课题"也被称为"本质性课题"。我们要为解决本质性课题而思索解决问题的对策。

如上所述，解决问题的主要流程可分为三个阶段，但我认为仅仅分三个阶段比较粗略。因此，为便于在实际业务中操作，在本书中，我将把Where→Why→How三个阶段分为更详细的步骤。我接下来介绍的解决问题地图，由七个步骤构成。

通过第一步"分析现状"和第二步"认识问题",理解现状(Where)

解决问题地图的第一步和第二步是"理解现状"的细分步骤。我们要先把握当下正发生何事,目的是确定问题发生在哪里。

第一步"分析现状"是调查现状,找出当下问题发生在哪里。第二步"认识问题"是思考造成该问题的原因。

通过第三步"收集信息"和第四步"提炼课题",找出本质性课题(Why)

解决问题地图的第三步和第四步是找出本质性课题的细分步骤,目的是追寻问题的起因。

第三步"收集信息"是建立假设,推敲为什么会发生问题,并且收集各类信息。第四步"提炼课题"是总结本质性课题到底是什么。

我们可以在第三步中不断探寻各种可能性。考虑市场和客户、竞争关系、价值链(Value Chain,VC)和组织、外部环境等,建立覆盖面广泛的假设,在该框架下收集情报。然后,我们可以进行第四步,不断归纳收集到的信息。

我们在第三步需要将思维发散出去,在第四步则要将收集到的信息进行归纳和梳理。第三步与第四步需要的思维方式截然不同,因此我们在学习这两个步骤的时候,要通过不同的方式来学习。

通过第五步"确定解决方案的方向"、第六步"思考创意"与第七步"评估",制订解决方案(How)

要想制订解决方案,我们就要先在第五步"确定解决方案的方向"中,确定应该如何解决课题和大体的前进方向。

如果我们在第一时间就想到了"好的创意",那往往只是一时兴起而已,因此我们要先思考大体的前进方向。基于大体的前进方向,我们再进行第六步"思考创意",考虑具体的策略。然后在第七步"评估"中,我们评估该实施什么策略,并决定实施方案。

以上便是解决问题地图的七个步骤。如果我们能掌握这七个步骤对应的武器,那就能凭借自己的力量逐步解决问题了。

本书将带领各位读者逐一学习这七个步骤,并为各位一一介绍每一个步骤对应的武器。

要想获得解决问题的能力,我们就需要拥有扎实的技术。因此，我将至关重要的技术逐一传授给各位读者。

学习如何获取武器、怎么在解决问题地图上前进，让我们一起开始这趟学习的旅程吧！

为建立合理的假设，我们需要站在"部门负责人的视角"

我还将介绍用于建立合理的假设的武器。

这种武器便是"部门负责人的视角"。部门负责人是企业或部门的责任人，对企业或部门整体业务负责任。即使我们并非部门负责人，可为了从整体的角度考虑部门业务，建立合理的假设，我们也需要从"部门负责人的视角"考虑问题。

很多人都认为需要拥有丰富的经验才能建立合理的假设，但通过掌握"部门负责人的视角"，我们便能慢慢学会如何建立合理的假设。

如果我们站在部门负责人的视角，就能看到商务流程的俯瞰图，包括了所有业务流程。虽说各行各业的公司的具体情况各有不同，但其业务流程都是有共同点的。通过理解这些共同点，我们就可以建立假设，假设自己的工作所处的背景是这样的。从部门负责人的视角（见第19页图）来看，最左侧为本企业竞争的"市场"，其中存在着本企业参与竞争的"目标市场"。在目标

序　章
解决问题的地图

市场里，有本企业瞄准的"目标客户"。

在这些"目标客户"中，每个人或每家公司都可能成为本企业的客户。本企业通过本企业的产品和服务传递价值，满足客户的需求。

部门负责人的视角是指什么？

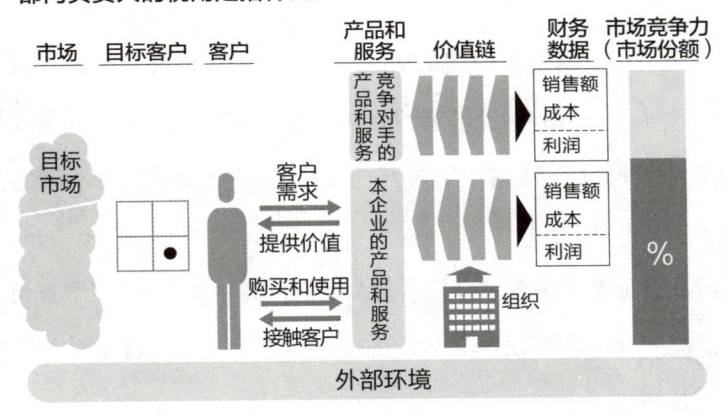

市场　目标客户　客户　产品和服务　价值链　财务数据　市场竞争力（市场份额）

目标市场

竞争对手的产品和服务 → 销售额 成本 利润

客户需求
提供价值
购买和使用
接触客户

本企业的产品和服务 → 销售额 成本 利润 ％

组织

外部环境

为了让客户购买、使用本企业的产品和服务，我们需要渠道让客户接触到产品和服务，并且让客户一直使用本企业的产品和服务。不过，竞争对手也在尝试以同样的手段为客户提供产品和服务，我们只有在竞争中拔得头筹，才能让客户开始购买、使用本企业的产品和服务。为了创造产品与服务，并将其传递给客户，我们需要拥有价值链与支撑价值链的组织。

以上就是整体业务的概述，业务的结果会体现在财务数据和与市场竞争力相关的数据中。只要掌握了"部门负责人的视角"，在探寻何为本质性课题的时候，我们便能建立合理的假设。

本书构成

本书将沿着解决问题地图一步步为各位讲述相关内容，共包括七个步骤。在每一个步骤中，各位读者都将掌握一种武器的使用方法，同时还将逐步学习部门负责人应当拥有的解决问题的能力。

我在序章中为各位介绍了何为解决问题地图。从第1章开始，请各位一边学习解决问题地图的使用方法，一边掌握七种武器的使用技巧。

第1章 第一步：分析现状/获得第一种武器：抽丝剥茧划分法

第2章 第二步：认识问题/获得第二种武器：找寻痛点与亮点

第3章 第三步：收集信息/获得第三种武器：部门负责人的视角

第4章 第四步：提炼课题/获得第四种武器：归纳海量信息

第5章 第五步：确定解决方案的方向/获得第五种武器：四大战略理论

第6章 第六步：思考创意/获得第六种武器：让创意升级

第7章 第七步：评估/获得第七种武器：冷静选择

    在本书中，我将为各位读者介绍虚构的解决问题的案例，同时带领各位学习如何解决其中的问题。

    请大家在学习解决问题地图的同时，实实在在地想象一下，自己在实际工作中如何解决问题。

    现在，就让我们开启这趟学习之旅吧！

第 1 章

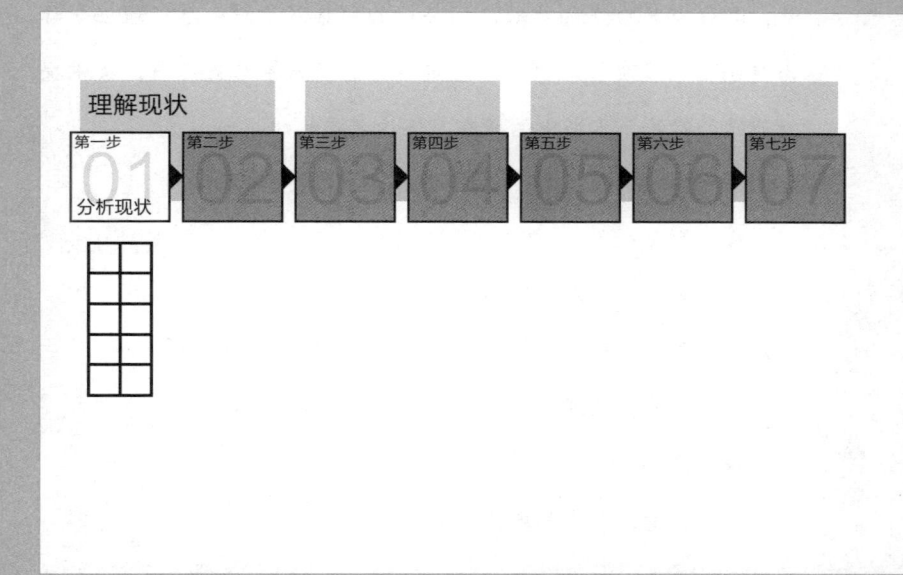

理解现状						
第一步 01 分析现状	第二步 02	第三步 03	第四步 04	第五步 05	第六步 06	第七步 07

第一步
分析现状

2018年4月,你在私人定制西装(Suit Special)株式会社工作,担任有乐町店的店长。因公司的销售额下滑,总经理任命你为特别企划案负责人。总经理期待你能找出本质性课题,提供提升业绩的对策。本书中的所有案例均是虚构的。

公司概要:
公司名称:私人定制西装株式会社
总公司位置:东京都
成立时间:2008年
雇员数量:50名
店铺数量:东京都内10家店

  私人定制西装株式会社的宗旨是为客户提供别具一格的西装,为客户提供量身定做西装的服务。
  总经理原本在知名的西装公司从事销售工作,但与只卖现成西装的公司观念不一致,于是创立了私人定制西装株式会社。
  为客户送上"别具一格的西装",在这一使命的推动下,私人定制西装株式会社不断增加门店数量。
  私人定制西装株式会社的创业历程自东京都惠比寿地区某栋商住两用楼开始起步,现在已经发展成为在东京都中心范围内坐拥10家店铺的连锁企业。这些店铺分布于银座区、青山区、新宿区等地,店内只销售定制西装,客户几乎都为男性。

私人定制西装株式会社的发展历史:
2008年 惠比寿店开业
2009年 日本桥店、青山店开业
2010年 新宿店、银座店开业
2011年 有乐町店、涩谷店、池袋店开业
2012年 表参道店开业
2013年 新桥店开业

私人定制西装株式会社的业务情况:在2013年新桥店开业后,私人定制西装株式会社就停止了扩张的脚步,集中精力提高现有店铺接待客户的服务质量,和合作工厂加强合作关系,以便让合作工厂尽快交付高品质的西装。每家店铺都采用预约制,客户在公司网站的主页进行预约,在简易表格中输入姓名、预约时间、电话号码、邮箱地址等信息。

门店接待每位客户的时间长短不一,大概为一小时。不过,就算客户没有预约就前来,也是可以入店的。只要店员有空,马上就会接待无预约的客户。店员会让客户先从三种西装款式中选

择一种。

①时尚款式：轮廓笔直，修身。

②欧式风格款式：以曲线为基调，轮廓柔和。

③独创款式：轮廓为箱型，整体宽松舒适。

在选完款式后，客户要选择面料。如果客户选择时尚款式或欧式风格款式的话，就可以选用所有价位的面料；如果客户选择独创款式的话，就只能选用高级面料。独创款式是私人定制西装株式会社引以为傲的款式，这是在公司创业初期委托知名设计师设计的款式。面料共计200种，西装的价格取决于不同面料的价格。

时尚款式和欧式风格款式西装的价格在5万—15万日元。独创款式的西装采用高级面料，因此价格在10万—20万日元。在确定好款式与面料之后，客户还要选择颜色、领型等，然后店员帮客户测量尺寸。在完成上述步骤后，客户还需要等待四周才能拿到西装。

近几年，私人定制西装株式会社成立了市场营销团队，负责开展公关活动。从近些年的情况来看，广告费占销售额的比例正不断上升。对此，市场营销负责人解释说，现在正是私人定制西装株式会社品牌认知度的上升期，网页广告点击率也在不断上涨，广告费增加根本不要紧。尽管打了广告，钱花出去了，但销售额没有明显增加，反倒出现了下滑的趋势。

广告费占销售额的比例变化情况

年度	销售额（亿日元）	广告费（亿日元）	广告费占销售额的比例
2012	4.3	0.2	4.65%
2013	4.5	0.22	4.89%
2014	5.3	0.25	4.72%
2015	5.5	0.3	5.45%
2016	5.7	0.35	6.14%
2017	5.5	0.4	7.27%

此前，虽然销售额稳步增长，但广告效果越来越差，总经理正考虑如何调整。到了2017年，销售额也开始下滑，总经理希望你能让销售额回到正常水平。

于是，你被总经理任命为该企划案的负责人。那么，你打算从哪里开始着手解决私人定制西装株式会社面临的问题呢？

解决问题，先从分解问题开始

解决问题的第一步是分析现状。我们要对问题和现象进行细分，这样才能深入理解当前的情况。总之，在最初阶段，我们要对问题进行分解。

那么，接下来让我们学习在第一步中为何需要对问题进行分解，以及该如何对问题进行分解。

如果要说解决问题最重要的环节是什么，那便是正确地对问题进行分解，这话可半点儿不虚。

如果我们能正确地对问题进行分解，后续步骤做起来就会非常轻松。通过对问题进行分解，我们可以明确了解实际情况。为了洞悉事物的实际情况，对问题进行分解显得尤为关键。

我们面对的问题往往是错综复杂的，各种因素交织在一起。如果我们在没有弄清楚情况之前就直接处理这些混杂在一起的因素，往往无法正确把握实际情况，也无法看清问题的真相。在这些错综复杂的因素之中，既有存在问题的部分，也有毫无问题的部分。如果我们将这些错综复杂的因素全部视为问题的话，我们思考的准确度就将大幅下降。

问题往往集中在某处突然爆发

为何我要劝各位读者先对问题进行分解呢？这是基于商业规律得来的经验。

很少有公司只经营一种产品、一项服务，大部分公司都提供多种产品和服务。很多公司还拥有许多分支机构并设有许多部门。这些众多要素聚集在一起，便组成了公司。

然而，公司面临的问题并非逐一出现的，在多数情况下，问题会集中在某处突然爆发出来。

在商业活动中存在的各种问题往往会集中在某个地方突然爆发，让人措手不及。大家面对的问题，很有可能集中在某个地方。解决问题的第一步便是先弄清问题出现在哪里。

想先进行Why、How是人的本能，但先要从Where开始

我们应当先弄清问题发生在何处，再开始解决问题。但比起先理解现状（Where），人的本能却倾向于跨过第一阶段，直接进入下一阶段，开始找出本质性课题（Why）与制订解决方案（How）。

在我担任讲师的培训课上，我有时会让学员着手解决自己工

作中的问题，之后我会批改学员的报告。"理解现状"部分的质量在很大程度上决定了报告的整体质量。如果学员能处理好这一部分，那么报告的整体质量一般都不错。相反，如果学员在"理解现状"的部分就栽跟头的话，那么在后续的部分中，不论学员做得多出色都很难挽回颓势。

但是，为何我们不善于从"理解现状"开始解决问题呢？我认为原因是"理解现状"这个阶段有些枯燥无味。因为"理解现状"的工作十分乏味，所以我们的大脑无法从中感受到任何快乐，导致我们希望略过这一步。

分析现状与"体检"类似。我觉得谁都不会怀疑体检的必要性，这是板上钉钉的事实。然而，我觉得很少有人会认为体检充满了乐趣。在体检的时候，大家都会感到不胜其烦，可如果不好好接受体检，我们之后可能会面临大麻烦。

就算明白这个道理，还是有人因为怕麻烦而不去体检。同样的道理也适用于解决问题的事情上。在解决问题时，分析现状作为我们解决问题的第一步，是十分无聊的工作。但正如不经过彻底体检，我们就无法准确知道自己有什么问题，医生也无法对症下药一样，如果我们没有做好分析现状的工作，即会"差之毫厘，谬以千里"，我们想出的解决方案是很难奏效的。

我想，因为公司组织的体检是强制性的，所以各位读者作为

第 1 章
第一步 分析现状

公司员工应该都参加过公司组织的体检。但是在解决问题方面，我们却没有被强迫要求做好分析现状的工作。正因为没人强迫我们，所以我们必须靠自己意识到这一点，才能开始分析现状。

即使我反复向学员强调分析现状的必要性，仍然有很多学员迫不及待想进入后续步骤，这可真让人伤脑筋。这大概是因为"找出本质性课题"与"制订解决方案"比"理解现状"更有意思。

在分析现状时，我们可以在探寻"这件事的根本原因是什么？"（找出本质性课题）的过程中扩展思路，我们在思考"要是可以这么做就好了"（制订解决方案）的过程中可以愉快地思考。因此，我们的本能就是先"找出本质性课题"和"制订解决方案"。

我们无法改变人的本能，也没办法改变大脑的特点，因此让乏味的"理解现状"变得有趣是不太可能的。

分析现状就是一项乏味的工作，我们只能用理性去理解这项工作非做不可。只要了解了人的本能和大脑的特点，我们就能开始解决问题了。

通过对问题进行分解，提高后续思考的准确度

你在看到下面这则新闻之后，会如何思考呢？

知名高级家具店2019年度的销售收入同比下滑10%。

当看到这类新闻，我们往往自然而然地会想"找出本质性课题"与"制订解决方案"。

例如很多人会思考以下问题：

· 高级家具店的销售收入下滑与现在日渐兴起的廉价家具店有关系吧？（找出本质性课题）

· 当今时代，在网上卖家具不是更好吗？（制订解决方案）

在思考第一个问题时，我们的思绪进入了"找出本质性课题"的阶段；在思考第二个问题时，我们的思绪进入了"制订解决方案"的阶段。这样的思维方式是人的本能，我们对此无能为力。此外，可能还会有人展开联想："没有写公司名字，只写了知名高级家具店，难道是那家公司吗？"这样一来，他就更想赶紧解决问题了。

比如：

· 很少有家庭购置那么高级的家具吧？（找出本质性课题）

- 是不是公司高层管理者出了问题？（找出本质性课题）
- 最好换了现任总经理！（制订解决方案）
- 加强会员建设工作果然很重要。（制订解决方案）

　　如上所述，在看见一则新闻的一瞬间，人们就会想着怎样解决问题了。我把这种情况称为"抢跑综合征"。尤其是当碰上了自己熟悉的对象时，人们就更容易"抢跑"了。这种行为十分危险，毕竟我们还未完成分析现状的工作。我知道这很烦人，但我们一定要从分析现状开始。面对销售额下滑了10%的情况，彻查"销售额下滑"问题发生的地方才是解决问题的第一步。

- 某种产品是否卖不出去？（理解现状）
- 或许只是特定店铺的销售额下滑？（理解现状）
- 来店客户人数并未减少，但购买的产品数量和购买产品的单价是否下降了？（理解现状）
- 或许面向入境游客的销售额下降了？（理解现状）

　　如上所述，我们要先彻底查明"销售额下滑"问题发生的地方。如果"销售额下滑"的原因是某种产品卖不出去，那么我们只需要研究该产品无人问津的原因就好了。

　　如果"销售额下滑"的原因是客户购买的产品数量和产品的

单价下降，那这又是什么原因造成的呢？我们只要解决了该问题就可以了。

对于眼前出现的问题，我们不能马上就想着去解决，而应该通过尝试对发生的问题进行分解，确定问题发生点。以上便是解决问题地图的第一步。

在这一步，我们需要使用的武器是"抽丝剥茧划分法"。这种武器可以帮助我们弄清问题发生在何处。

第一种武器
抽丝剥茧划分法

我们应该怎样分解事物比较好呢？

我们不应随便对事物进行分解，而要抽丝剥茧地划分事物。我们要带着明确的目的对事物进行分解。如果我们能以这种想法为切入点分解事物，或许能够有新发现。我们可以一边思考如何对事物进行分解，一边享受思考的乐趣。接下来，我将为各位读者介绍抽丝剥茧划分法的三个要点。

要点①：高水平的划分法；
要点②：时刻按照MECE[①]原则思考问题；
要点③：认清主体，同时建立假设，尝试创造切入点。

要点① 高水平的划分法

如果我们要想掌握"高水平的划分法"，就要了解高水平的划分法与低水平的划分法的差别，了解其中差别有助于我们深入

---

① MECE为"Mutually Exclusive, Collectively Exhaustive"的首字母组合，意为"相互独立，完全穷尽"。

第一种武器 抽丝剥茧划分法

无差别（划分得无意义）　　　　　有差别（划分得有意义）

← 问题发生点

　　了解对事物进行分解的目的。让我们看一下第36页图中的两种划分法，思考其中的异同。

　　我们先来看上图的左图。你觉得这是高水平的划分法，还是低水平的划分法？

　　从上图的左图来看，划分结果的三个部分全都表现出了下滑的趋势，我们无法确定哪个部分的问题是最严重的。按照这样的划分方法，划分结果毫无差别，因此这样的划分方法是没有意义的。这就是低水平的划分法。

　　明明好不容易划分完了，却没法找出问题发生在何处。在上图的左图中，上方的部分表现出了下滑的趋势，中间的部分也表现出了下滑的趋势，下方的部分还是表现出了下滑的趋势，各个部分都表现出了下滑的趋势。如果划分出的各个部分都表现出同样的趋势，那么这种划分方法就是没有意义的。

我们对问题进行划分的目的是确定问题最严重的部分。因此，我们希望能从每个部分中找出差别。换言之，通过运用高水平的划分法，我们可以让每个部分都有不同之处。

从第36页图的右图来看，划分结果为上方的部分表现出了略有下滑的趋势，中间的部分表现出了增长的趋势，下方的部分表现出了急速下滑的趋势。如上所述，当看到每个部分的特征后，我们就能找出不同之处，确定问题发生点。

如果能找到问题，我们就可以轻松地开始研究问题了

如果我们能把问题分解为"乐观部分""悲观部分"和"中立部分"，解决问题的后续步骤就会变得轻松了。我认为在解决问题时最重要的就是灵活思考。如果我们能分解问题，确定"悲观部分"，那么我们只要集中精力思考如何解决"悲观部分"的问题即可。在确定思考目标之后，我们就要集中全力攻克问题点，不能贪大求全，想着对所有部分都进行思考。我们只需要解决"悲观部分"存在的问题，往往就能立竿见影，让业绩快速好转。

例如在销售额下滑的时候，我们可以试着分解销售额的组成部分，如果我们发现仅仅是某些产品的销售额大幅下滑，那么我

们只要考虑这些产品销售额下滑的原因即可。

换句话说，我们不必研究其他产品的问题，只需研究问题最严重的部分就能有效地进行讨论。

然而，说到围绕问题最严重的部分开展研究，可能各位还是有点担心：无视其他部分，只研究问题最严重的部分就能解决问题吗？除了问题最严重的部分以外，如果其余部分毫无问题，那么我们完全不需要研究没问题的部分。

可实际上，除问题最严重的部分以外，往往还有问题比较严重的部分。

在既有"问题最严重的部分"，又有"问题比较严重的部分"的情况下，就涉及如何认识问题的严重程度了。我认为，在大多数情况下，我们可以先忽略"问题最严重的部分"以外的部分。

资源总是有限的，并不足以让我们对所有的问题都进行研究，因此我们必须利用有限的资源做事情。我们先解决问题最严重的部分就可以了。我们需要鼓起勇气暂时把其他存在问题的部分先放下。如果我们能解决最要紧的问题，就能着手一个一个解决其余的问题。在第二步中，我们将一起学习该用什么手段认识问题。

要点② 时刻按照MECE原则思考问题

在要点①中，我们已经了解在对问题进行分解时要使用高水平划分法，但并不是随便使用什么方法都可以找到问题间的差别的。在对事物进行分解的时候，我们必须遵守MECE原则。

MECE原则是逻辑思维相关书籍通常会介绍的一种思维方法。MECE原则要求我们在对事物进行分解时，必须做到无遗漏、无重复。在细致划分事物时，如果哪个地方存在遗漏或重复，我们就无法正确捕捉到事物的真实情况。因此，我们必须时刻按照MECE原则思考问题。

那么，如果我们研讨的内容中存在遗漏的项目，会产生怎样的负面影响呢？如果研讨的内容中出现遗漏的项目，而遗漏的项目包含了问题最严重的部分，那么我们解决问题的尝试基本上将以失败告终，这非常不妙。

因此，我们一定要避免研讨的内容中出现遗漏的项目。我们在个人工作中要谨记MECE原则，在团队合作的时候也必须按照MECE原则思考问题，严防研讨的内容中出现遗漏的项目。我之所以要强调在团队合作时必须按照MECE原则思考问题，是因为在处理复杂项目和问题首次出现时，我们很难看清问题的整体情况。

仅靠个人确认MECE原则很难让人放心，因为每个人都有自身的认知缺陷，所以最好由多人确认MECE原则，尤其要注意是否存在遗漏。各位读者还可以向专家请教，仔细确认研讨的内容是否存在遗漏之处。

此外，我们也要注意避免研讨的内容中存在重复的项目。在研究问题发生在何处时，如果存在重复之处，我们就会对某些地方重复进行研究，还可能导致问题发生的原因无法清晰地浮现出来。

但相较于存在遗漏项目的情况，重复工作并不会对我们的工作成果造成致命影响。

如果我们研讨的内容存在遗漏的项目，就会出现盲区。如果我们研讨的内容存在重复的项目，最多会影响工作效率，却不必担心问题解决方案存在致命的漏洞。

现在，我以私人定制西装株式会社为案例，向各位读者介绍不符合MECE原则的例子。例如为了掌握销售额下滑原因，我们需要拆解销售额的组成部分。

有两种划分法是符合MECE原则的，分别是按照性别划分与按照年龄划分。

但根据其他标准划分，有时会出现难以按照MECE原则划分的情况，比如按照前往私人定制西装株式会社的目的划分客户群体，让我们试着思考一下。

各位读者觉得以下分类符合MECE原则吗？
·为工作买西装的人；
·为追求时尚买西装的人；
·为参加重大仪式买西装的人；
·为参加比赛买西装的人。

各位对以上划分法有何看法？这看上去不符合MECE原则。这种划分法不仅存在重复之处，而且没涵盖有其他购买目的的客户，存在遗漏之处。

虽然根据购买目的对买西装的客户进行分类是不错的想法，但如果不能根据MECE原则分类，我们就无法正确掌握现状。

至此，我为各位介绍了MECE原则。有些读者可能觉得我的说法有些夸大其词，不太能感受到MECE原则的重要性，但MECE原则确实是一种极为重要的思维方法。

虽然没人会故意造成遗漏和重复，但是在解决问题的时候，遗漏和重复会令人陷入焦虑的情绪之中。一旦如此，我们的视野就会变小，在还未进行全面研究的时候，就开始考虑眼前的问题。归根结底，如果不按照MECE原则考虑问题，我们在处理问题时就看不到问题的整体情况。

事先掌握典型的切入点，应用起来更方便

如果我们要按照MECE原则对事物进行分类，最好先记住典型的切入点。如果我们能按照自己的习惯确定切入点，就可以按照自己的习惯切入。我将为各位介绍两种典型的切入点。

第一种方法是使用公式打开切入点（要素法）。

首先是加法划分法，比如"产品A＋产品B＋产品C"与"A分店+B分店+C分店+D分店"。这种方法是把整体分解为一个个要素。

其次是乘法划分法，这种拆解方法为人所熟知。比如"销售额＝销售量×平均售价"，该公式可以考察销售额变化是由于销售量变化造成的还是由于平均售价变化造成的。对于零售店铺来说，销售额可以分解为"营业时间×每小时到店顾客数量×购买率×客单价"。

第二种方法是按照流程打开切入点，按事情发展过程分析问题发生在何处。

例如公司的业务流程可以分解为研发、采购、生产、物流、市场营销、销售、售后服务。虽然不同公司的业务流程不同，应用这种分解业务流程的方式也会有所区别，但只要我们提前了解典型的划分法，应用起来就很方便。

公司录用员工的流程可以分解为发布招聘信息、筛选简历、第一次面试、第二次面试、最终面试、确定录用、入职。

销售流程可以分解为初步联系、预约见面、谈判沟通、报价、接受订单、交货。

如果我们提前了解这种典型的打开切入点的方法，在应用时便可得心应手。

典型的切入点

记住分解问题的基本模式，就能选择最合适的切入点

例子

公式	产品 A + 产品 B + 产品 C A 分店 + B 分店 + C 分店 + D 分店 销售量 × 平均售价 营业时间 × 每小时到店顾客数量 × 购买率 × 客单价
流程	研发、采购、生产、物流、市场营销、销售、售后服务 发布招聘信息、筛选简历、第一次面试、第二次面试、最终面试、确定录用、入职 初步联系、预约见面、谈判沟通、报价、接受订单、交货

要点③　认清主体，同时建立假设，尝试创造切入点

要点③是明确解决问题的对象，即主体。我们根据自己面对

的问题的对象（主体）选择切入点。我们不应停止思考，盲目认为一直固守同一个切入点就万事大吉了。

明确解决问题的主体十分关键。如果解决问题的目的在于提高产品线（公司）的业绩，那么产品线（公司）就应该成为主体。因此，我们要根据问题对象的特征，思考合适的切入点。

假设我们要分析一家位于自己家附近健身房的销售额。我们应该如何分解健身房的销售额呢？我们可能会想到用"性别×各年龄层人数×客单价"或"会员人数×客单价"来分解销售额。可是，我们还要继续深入思考。

为了正确分析现状，我们应该把该健身房的特征作为思考的切入点。

如果那家健身房是仅面向女性的，我们就需要找寻不同的切入点。假如那家健身房有游泳池，我们最好观察一下使用游泳池与不使用游泳池的客人的情况。如果那家健身房是24小时营业的，我们还要观察一下不同营业时间段的健身人数。

如上所述，我们可以根据不同的主体思考切入点。这不仅适用于分析销售额的情况，也适用于分析利润等情况。因此，我们要注意主体，思考合适的切入点。思考切入点的是我们自己，而非按照程序运行的机器，我们要尝试在思考的时候开动脑筋寻找合适的切入点。

在分析现状时，我们应该先不要着急看数据，而应该先思考主体的特征，再寻找切入点。要以什么切入点进行分析才能掌握实际情况呢？我们要先思考切入点，再看数据。因为如果我们从一开始就看数据，就会在还没有明确方向的时候模糊地意识到自己想要验证某些观点，这会导致我们的工作效率下降。

我把这种状况称为"先看数据综合征"，这是导致工作效率下降的元凶。因此，我们要先思考分析的切入点。问题是否发生在这里？我们应当尽可能像这样建立假设。

也许你对这个假设并无多大把握，但毕竟这只是假设，所以并不要紧。即使你对自己建立的假设没什么信心也没有关系。我们要大胆建立自己的假设：问题是否发生在这里？然后我们可以以该假设为基础，建立切入点，试着通过实践验证数据。

第一步（分析现状）私人定制西装株式会社篇

我们在分析私人定制西装株式会社这个案例的时候，也要先从分析现状开始。由于问题极有可能堆集在某个地方，因此让我们抽丝剥茧，一边寻找切入点，一边分析现状吧！销售额下滑的问题到底出在哪里呢？

我们可以先尝试应用典型切入点，再进行思考。比如用乘法拆解销售额，销售额=来店客户人数×购买率×客单价，用此公式就可以分解销售额了。我们还可以用加法拆解销售额，通过对各年龄层与各西装款式进行划分得到结果。

我们还可以通过了解解决问题的对象——私人定制西装株式会社，建立假设，重新寻找切入点。我们可以试着假设一下私人定制西装株式会社销售额下滑的原因。虽然我们了解的信息并不多，但请不要因为没有足够的信息就放弃思考。

我们可以假设销售额的某个部分出现下滑，然后尝试制作树形图，即使假设比较模糊也不要紧，就算心里没底也无所谓。

例如由于私人定制西装株式会社采用预约制，那么我们尝试利用客户是否预约到店对客户进行分类，看看是否会出现差别。如果考虑定制西装的产品特征，我们可以认为多次购买西装的老客户非常重要，因此我们可以试着把客户按照新客户与老客户进行分类。

就像这样，我们一边考虑私人定制西装株式会社的特点，一边试着制作一张抽丝剥茧的树形图。作为参考，我列出了一些私人定制西装株式会社销售额分解的树形图。我们可以尝试按图创造切入点，调查实际的销售额数据。我将在第二步为各位读者介绍数据分析的结果。

第 1 章
第一步 分析现状

分析现状（1）

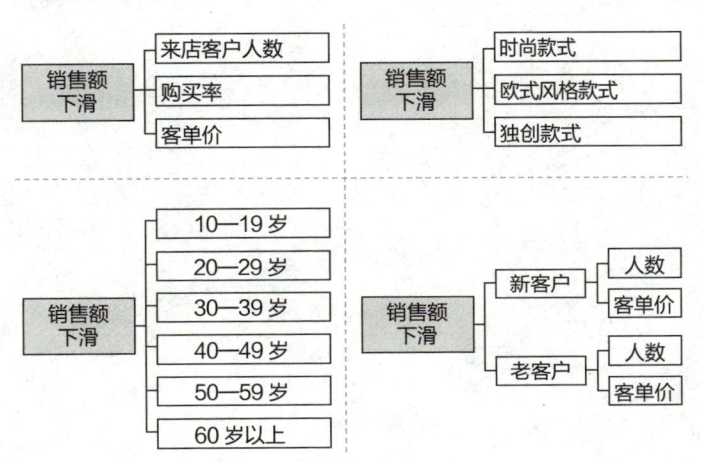

销售额下滑
- 来店客户人数
- 购买率
- 客单价

销售额下滑
- 时尚款式
- 欧式风格款式
- 独创款式

销售额下滑
- 10—19 岁
- 20—29 岁
- 30—39 岁
- 40—49 岁
- 50—59 岁
- 60 岁以上

销售额下滑
- 新客户
  - 人数
  - 客单价
- 老客户
  - 人数
  - 客单价

分析现状（2）

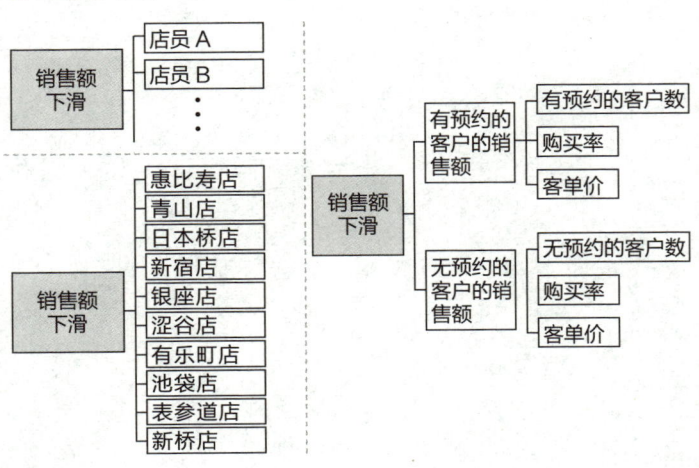

销售额下滑
- 店员 A
- 店员 B
- ……

销售额下滑
- 惠比寿店
- 青山店
- 日本桥店
- 新宿店
- 银座店
- 涩谷店
- 有乐町店
- 池袋店
- 表参道店
- 新桥店

销售额下滑
- 有预约的客户的销售额
  - 有预约的客户数
  - 购买率
  - 客单价
- 无预约的客户的销售额
  - 无预约的客户数
  - 购买率
  - 客单价

我们一起向解决问题地图的第二步进发吧！

第 2 章

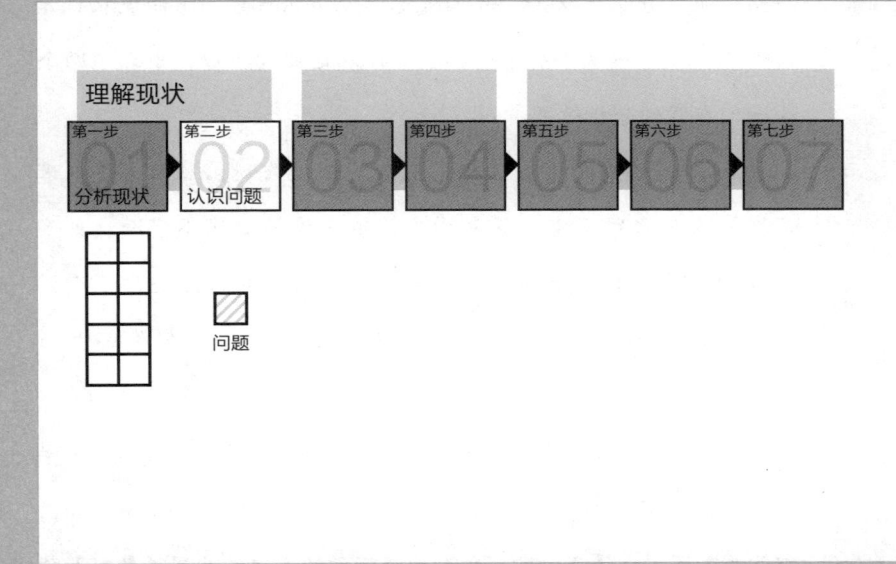

理解现状						
第一步 01 分析现状	第二步 02 认识问题	第三步 03	第四步 04	第五步 05	第六步 06	第七步 07

☐ 问题

第二步
认识问题

我们现在正着力于解决私人定制西装株式会社存在的问题。在第一步（分析现状），我们考虑以分析销售额下滑的现状打开切入点，试着确认了公司内部数据。在这些数据中，出现了两个令我们在意的分析结果。

数据分析结果（1）为销售数据。我们发现虽然销售量（来店客户人数×购买率）逐年增加，但平均售价逐年下滑。如果从各西装款式的销售额占比来看，独创款式的占比逐年下滑。换言之，我们可以从中看出独创款式占比和平均售价都有所下滑。

我们还需要重视数据分析结果（2），这是预约人数和购买率的数据。我们观察这组数据可以发现，虽然预约人数逐年增加，但购买率下滑。这里的购买件数为有预约的客户的购买件数，无预约的客户的购买件数未计入其中。

数据分析结果越来越明确。现在，我们还需再确认一件事：目前应该处理的问题是什么？总经理对你说："公司的销售额在不断下滑，希望你能让销售额回到正常水平。"

私人定制西装株式会社自创业以来一直顺风顺水，但目前处于发展的瓶颈阶段。虽然存在问题的地方越来越明确了，但我们对于到底要解决什么问题还不是特别明确。我们不能一直处于这种状态。

数据分析结果（1）

独创款式占比下滑，平均售价下滑

● 销售数据

年份	2012	2013	2014	2015	2016	2017
销售量（件）	5059	5422	6709	7333	7703	7639
平均售价（万日元）	8.5	8.3	7.9	7.5	7.4	⑦.2
销售额（亿日元）	4.3	4.5	5.3	5.5	5.7	5.5

年份	2012	2013	2014	2015	2016	2017
欧式风格款式	33%	32%	29%	27%	24%	24%
时尚款式	25%	27%	32%	35%	39%	41%
独创款式	42%	41%	39%	38%	37%	㉟%
合计	100%	100%	100%	100%	100%	100%

数据分析结果（2）

预约人数增加，但购买率下滑

● 预约人数 × 购买率

年份	2012	2013	2014	2015	2016	2017
预约人数	6784	7857	9145	9888	10 678	11 345
购买率	60%	54%	56%	54%	52%	49%
购买件数	4070	4243	5121	5340	5553	5559

购买件数为通过事前预约购买的件数

　　解决什么问题才能实现总经理的要求呢？此外，我们真的想要解决这个问题吗？在第二步中，我们一起来认识什么才是真正应该解决的问题吧！

这是应该处理的问题吗？

我们现在最应该处理的问题是什么？在没有目标的情况下就开展工作并非上策。

如果我们有充足的时间，那就可以研究我们关注的所有问题，但我们的时间和金钱都是有限的，因此我们只需要处理真正亟待解决的问题。否则当出现问题的时候，我们就只能按下葫芦浮起瓢，白白浪费时间。

其实我们可以暂时将眼前的问题放一放，这未必是坏事。我们先要弄清这个问题是不是真正亟待解决的问题，这才是我们现在最重要的工作。

虽然在第二步"认识问题"中，我们只需要正确认识问题就可以了，但在培训中修改学员作业时，我才发现：在"认识问题"这一步栽跟头的人不在少数。如果我们每日业务缠身，忙得团团转，往往对问题的认识就会变得模糊。

我们通常会下意识地选择从容易处理的问题着手。我认为之所以出现这种倾向，是因为如果从难题开始处理，就要付出大量时间和精力，所以我们会本能地倾向于优先处理容易解决的问题。

我们常常对解决问题这件事情存在误解，解决问题并非从一开始就能确定存在问题的地方，并对其进行处理。只是总结已经处理过的事情是毫无意义的。

那么，我们应该处理什么问题？不言而喻，当然是处理还未解决的问题。越是困难的问题，我们越应该尽早解决。如果问题很简单，那它甚至不应该算是问题。

如果一家公司的业务状况顺风顺水，也许有人会认为不存在不得不处理的问题。但我们要知道，解决问题不仅意味着消除造成负面影响的部分。问题是指"理想状态与现实情况之间的差距"。

如果一家公司处于顺风顺水的状态，那就应该以更高的高度为目标，设想理想状态的样子。想达到更高的高度，与其说是实现"理想状态"，不如说是表现出"理想状态"的样子。

进一步说，第二步是识别何为问题的过程，也是我们调整自己的心态，让自己成为解决问题者的好时机。我们应当投入满腔热情，大声宣告："我要解决这个问题！"解决问题终究得靠人自身的动力。我们应当问自己：是否真的想要解决这个问题？

问题是指什么？

让我们再次定义一下所谓的问题指的是什么。简单来说，问题是指"理想状态与现实情况之间的差距"。比如现实情况是销售额与去年同期相比下滑了20%，如果理想状态是与去年同期保持同一水准，那我们需要做到的事情就是"恢复与去年相比下滑了20%的销售额"。

"理想状态与现实情况之间的差距"这个定义简单明了，但我觉得这个定义不能充分表明自己的想法。问题是靠人解决的，所以人在处理问题时，必须发自内心想要解决问题。与此同时，我们并非只处理自己想解决的问题就可以了。作为公司员工，我们不可以忘记自己的职责：为组织做出贡献。因此，我希望在本书中，把"问题"定义为：

问题是指作为组织中的一分子，自己真心想要解决的理想状态与现实情况之间的差距。

那么，我们该怎样认识问题才好呢？我希望为各位读者介绍认识问题的武器。

第二种武器

找寻痛点与亮点

在认识问题时，我们的内心应该被问题触动、吸引，这是非常重要的一点。

你会因为无法容忍现实情况而焦躁不安吗？你会带着令人眼前一亮的想法实现自己想要的未来吗？

在第二步中，我们将会掌握"找寻痛点与亮点"的技巧。在与自身对话的同时，我们要找寻焦躁不安的自己和带着令人眼前一亮的想法的自己。

如果我们对此完全无动于衷，之后作为解决问题的人在处理问题时，也会对某些事项做出妥协。如果我们是因被上级领导批评才不情不愿地去处理问题，那么最终是很难取得理想的成果的。

被迫去着手解决问题的人，浑身上下都表现出身不由己的样子，别人一眼就可以看出他并不是自愿的。即使看了资料，自己也无法真正用心解决问题。我经常看到这种情况。一旦成为被动者，其积极性是无论如何都调动不起来的。

此类学员的共同点是：他们在认识问题的过程中，采取"事不关己，高高挂起"的态度，没有把问题当作自己要解决的事情。

我们真的因为问题而感到焦躁不安吗？

我们真的想要创造一个耀眼的未来吗？

我们要与自己的内心好好对话，确认自己能否发自内心地说出"我想解决这个问题"。接下来我将介绍找寻自身的痛点与亮点的三个要点。

要点①：自己真的想要解决问题吗？

要点②：自己是否真正从自身职责的角度出发考虑如何解决问题？

要点③：自己有理想状态的具体目标吗？

要点① 自己真的想要解决问题吗？

着手解决问题是需要动力的。

我认为，要产生解决问题的动力，我们需要师出有名。这不仅是指组织方面师出有名，也是指个人方面师出有名。

在我们准备着手解决问题的时候，我们要找个人谈谈，说一下自己要解决什么问题。

- 我们能否用自己的话说出来？
- 我们要扪心自问：自己想解决这个问题吗？

如果我们真心想要解决问题，应该可以用自己的话说出来想要如何解决何种问题，而不是照搬别人的话。我们还要确认一下此时自己对解决问题抱有什么期望。如果我们的期望不高，那我们就应该试着问问自己为何如此。我们要扪心自问，确认自己是否真的想要解决这个问题。确认的关键词便是"痛点"和"亮点"。

我们要再确认一下：自己会因为问题而感到焦躁不安，自己想要创造一个耀眼的未来。如果不是这样，请试着花点儿时间与自己的内心对话。

我们可以试着与其他人聊聊关于问题的话题。如果你很难说下去的话，那你很有可能并不是真的想要解决那个问题。请问问自己是否真的想要解决那个问题，同时感受自己内心的期待值。

在通常情况下，如果你正面对着复杂的局面，却对造成该局面的本质性问题无动于衷，那就说明你其实不想与问题斗争到底。

如果想要解决一个问题，我们就必须对该问题抱有相应的期待值。"期待值"可能稍显抽象，或许大家很难理解，我觉得我们可以将"期待值"理解为处理问题时愿意付出的时间和精力。

解决问题是一件相当麻烦的事情。我们必须仔细观察问题背后的事实，要与各方有关人士协调和沟通，还要处理那些自己责任范围之外的压根不想处理的麻烦事。

有些人能够享受解决问题的乐趣，但我并非那种人。我对这些麻烦事唯恐避之不及，想让自己置身事外，过轻松逍遥的生活。

但是一旦面对不得不解决的问题时,我们就必须有正视问题的觉悟。虽然每个人都想没有麻烦,但是如果遇到了自己一定要解决的问题,并想要为此努力,我们就必须拿出认真的态度,让自己真正行动起来。

与其抱着糊弄一下解决问题的想法开始行动,倒不如从一开始就坚定自己内心的想法。

在实际工作中,当准备解决问题的时候,管理者应当仔细观察"认识问题"的部分。如果忽略了这一部分,那么在之后的过程中,无论多努力都很难取得理想的成果。

假设部下没有发自内心地想要解决问题,我们也不要急于解决问题,而应该让他和自己的内心对话,让他真正理解为何需要解决这个问题。在解决问题的时候,每个人都有自己合适的时机,心急吃不了热豆腐。

要点② 自己是否真正从自身职责的角度出发考虑如何解决问题?

作为公司员工,在解决问题时,我们要从自身职责的角度出发考虑如何解决问题。科长有科长的职责,部门经理有部门经理的职责,按照自身立场思考自己的问题,这十分重要。

在公司中，存在董事长、执行董事、总经理、副总经理、部门经理、科长、股长、主任、员工等职级。每个人的职级不同，在公司中的权限也不尽相同，公司期待其发挥的作用也有所不同。然而，我觉得从自身职责的角度出发考虑如何解决问题是相当困难的。

比如科长应该站在科长的立场上考虑问题，但有时为了应对实际业务需要，就会从员工的角度出发考虑问题。如果这样，科长就无法发挥公司期待他发挥的作用了。

我给大家介绍一个我在某公司培训时发生的案例。在培训过程中，这家公司的众多分店店长来参加解决问题的培训，我让分店店长试着解决自己工作中的问题。

当时，大多数分店店长都提出："我们应努力解决的问题是加班时间过长。"

假如各位分店店长这样定义该问题，各位读者有何想法呢？分店店长提出这个问题，是否合适呢？

我觉得，提出这个问题，说明分店店长看问题不是很全面。

对于分店店长来说，减少自己和部下的加班时间同样很重要，但仅仅简单地减少加班时间就可以了吗？我认为减少加班时间本身当然很重要，但如果分店店长认为"无论如何都要减少加班时间"，那我建议分店店长站在更高的角度考虑问题。

分店店长对分店的销售额和利润负有责任。因此，分店店长不仅应当考虑如何减少加班时间，还要考虑如何在减少加班时间的同时提高分店的销售额，或者考虑如何在减少加班时间的同时兼顾利润增长。

如上所述，如果我们身为分店店长，我们就应该从自身职责的角度出发定义问题。我们必须牢记自己身处的立场，从合适的角度对问题进行定义。

我们应当如何根据自身的职责对问题做出恰当的定义呢？

其实这并不是一件非常困难的事情，我们只要真正从自身职责的角度出发考虑问题就可以了。虽然这看起来难以置信，但心境不同确实会导致非常大的差别。或许有人会认为选择不同的角度考虑问题没什么大不了，但请大家姑且试一试，哪怕只是演戏也可以。

我们可以完全进入角色，试着扮演被公司委以重任的管理者，凭此不断开阔自身的眼界。一个小小的意识转变就能导致天翻地覆的改变。

如果我们身为部门经理，我们就应当全身心投入，按照部门经理的职责工作。我觉得日本的职场弥漫着一股风气，很多部门经理在实际工作中过于照顾自己的部下，没有完全从自身职责的角度考虑问题。这些部门经理因为过于照顾自己的部下而目光短浅,不善于从长远的角度考虑问题。

但这并不符合公司对部门经理的期待。部门经理应当发挥部门经理应有的作用;科长应当发挥科长应有的作用。我们应当调整心态,彻底从自身职责出发考虑问题,仅仅如此,我们的视野和行为将发生翻天覆地的变化。仅凭这一点不同之处,我们解决问题的能力也将有质的飞跃。因此,请各位读者试着彻底从自身职责出发考虑问题。

如果各位读者感觉难以提升眼界,我建议大家可以试着把眼界提升至比自身职级高一两级的层次上,考虑自己的领导会如何看待问题。我认为这是比较合适的。

或许有人会觉得很难确认自己是否正确地定义问题了。如果我们觉得难以靠自己确认,那么我们可以请他人帮忙,这个办法十分管用。

在培训中,我以解决学员所在公司的问题为题,要求学员完成自己的成果,先让他们提交问题定义的部分,再确认该部分。如果学员无法正确地定义问题,之后不管如何研究解决问题的对策,也只能解决低层次的问题,无法解决本质性问题。因此,我认为最好请其他人帮忙检查定义问题的部分。

要点③ 自己有理想状态的具体目标吗？

如果理想状态是模糊不清的，我们就很难看清自己究竟想要解决什么问题。我们要尽可能明确地表达出自己想要的理想状态，才可以确认问题最终是否得到解决了。

比如因为有销售额目标，所以销售人员可以明确地设定理想状态。但是财务部和法务部等部门的人员就难以具体描绘出理想状态，这就需要开动脑筋想想如何才能具体表达出理想状态。

此外，我们在表达理想状态时，也要讲究表达方式。

比如人事部把"希望实现工作方式改革"设定为理想状态，各位读者对此有什么想法呢？现在，日本正在推行"工作方式改革"。因此，人事部的负责人希望在公司推行"工作方式改革"，并将此设定为理想状态。

但"工作方式改革"到底是什么呢？

是指不加班，还是指远程工作呢？其含义含糊不清。我们必须具体表达出"工作方式改革"对本企业意味着什么。

在使用像"工作方式改革"之类的流行语时，我们应特别注意。除"工作方式改革"之外，"开放式创新""多元化"等也是如此。

对组织而言，这种标语的优点是容易将标语承载的信息传达出去，但大家并不明白具体打算解决什么问题。日本现在有个流行语叫"地方创生"，但"地方创生"过于抽象，如果不去查询资料的话，人们根本不懂其想要实现什么目标。

从不同的角度出发看问题

金字塔层级（从上到下）：
- 企业战略 —— 总经理的问题
- 事业部战略 —— 部门负责人的问题
- 职能战略（研发→生产→……→销售→售后服务）企业（经营计划、财务、法务……）—— 科长的问题 / 股长的问题 / 主任的问题
- 任务 —— 职场新人的问题

在实际工作中，如果能站在比自身层次高一两级的立场考虑问题，就能对解决问题的过程产生巨大的影响

如果把减少加班时间设定为理想状态，那最好能更加具体地将这一想法表达出来。

・谁的加班时间？
・希望减少至什么程度？
・持续至何时？

我们需要尽量将这些内容具体写下来。为了抓住要点，明白如何具体表达理想状态，我们可以参考设定目标的框架"SMART"思维法，其中包括五个要点。

① Specific，具体易懂的。我们要具体地写下自己心中的理想状态，尽量不用高度抽象的词语，如"工作方式改革""开放式创新"等。如果公司高层下达了高度抽象的目标，我们要具体表达出理应解决什么事，而非直接照抄。

② Measurable，可度量的。我们要尽量把理想状态以定量的方式表示出来。以数值表示，我们才能确认是否实现了理想状态。有些读者会觉得自己的工作内容很难用数据表示，那就有必要考虑哪部分工作内容可以量化表示。

③ Achievable，可实现的。理想状态不能不着边际。既然开始解决问题，我们就要保证目标是可以实现的。我们要把这个要点放在心上，目标设定不可过于简单，也要考虑到自己和公司的实际情况，不要设定过高的目标。

④ Related，与经营目标息息相关的。我们要认清解决问题后的结果能对公司经营有什么帮助，要确认我们不是为了解决问题而解决问题。比如我们将问题定义为"公司内部未实现信息共享"，那我们就必须考虑到信息共享能给公司带来什么变化。

⑤ Time-bound，有完成期限的。人们常常忘记工作的完成

期限。因此，我们要思考如何设定解决问题的最后期限，然后把设定的最后期限写清楚。

至此，我们一起学习了认识问题的流程。人们为了解决自身问题而创造出了解决问题的技巧，并非让机器人去解决这些问题。因此，我认为在解决问题时，我们必须让自己的内心被触动，真心想要解决问题。如果我们对问题无动于衷，那么就算我们最终解决了问题，也会感觉非常无聊。在第二步中，我们可以一边与自己对话，一边从容不迫地努力解决问题。

第二步（认识问题）私人定制西装株式会社篇

在私人定制西装株式会社，我们应该处理什么问题？总经理对你委以重任，希望你能让不断下滑的销售额回到正常水平。虽然知道要提高销售额，但应该恢复到什么水平呢？你还需要对问题下一个具体的定义，明确在什么期限内让销售额恢复到原来的水平。

虽然总经理委托你处理这个问题，但你才是实际动手解决问题的人。如果你不是发自内心想要解决问题，那你就很难成功解决问题。你必须设法确认自己是否抱着强烈信念，真正想要解决问题。

虽然总经理期望销售额恢复到原来的水平，但我们应慎重确认，让销售额恢复到原来的水平是否真的很重要。比起销售额，我们是不是更应该追求利润率和工作效率呢？

如果我们能先在第二步好好地理解问题，即便碰上严峻的局势，我们也能迸发出韧劲，想方设法进行各种尝试。无论面对多么严峻的问题，我们都要将其当作自己的问题，设法将其解决。

如果我们没有第二种武器，就不会将问题当成自己应该解决的问题，就可能在后面的战斗中萌生退意。摆在各位读者面前的问题，肯定不是简单的问题。

正因为如此，当开始解决问题时，我们需要直面自己的内心。

第 3 章

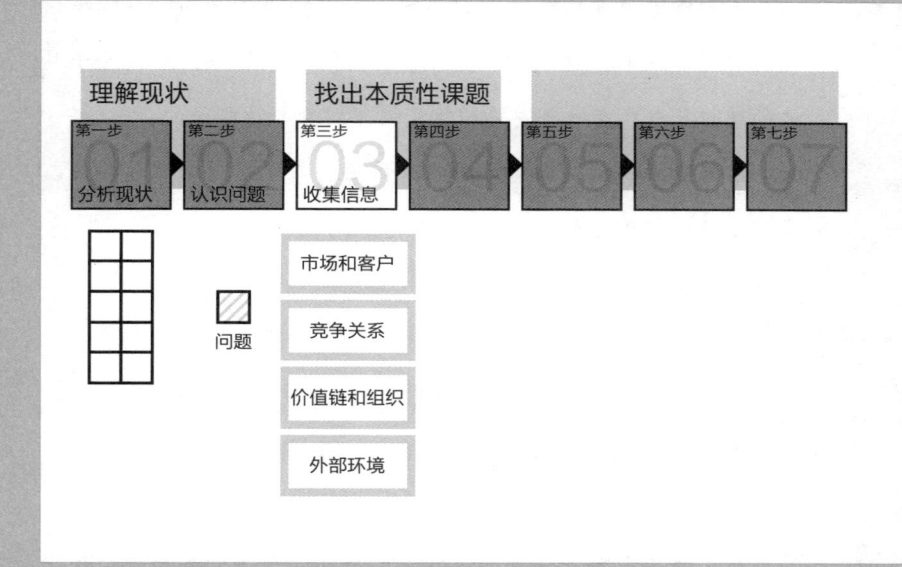

理解现状 — 找出本质性课题

第一步	第二步	第三步	第四步	第五步	第六步	第七步
01	02	03	04	05	06	07
分析现状	认识问题	收集信息				

问题

- 市场和客户
- 竞争关系
- 价值链和组织
- 外部环境

第三步 收集信息

在第二步，我们和总经理再次确认了该处理哪个问题。

定制西装行业逐渐开始引人注目，整体市场空间仍有继续提升的潜力。因此，我们确认今年要努力提升销售额，并设定了具体的理想状态：在一年内将销售额恢复到原本的水平。

接下来，我们开始第三步收集信息。为了探寻问题的起因，我们要开始收集信息。

在第二步中，我们确定了两个问题。

确定问题1：独创款式西装占比下滑，平均售价下滑；
确定问题2：预约人数增加，但购买率下滑。

我们接下来要探寻这两个问题的起因。各类问题为何会出现呢？我们应该先建立假设，设想可能的原因，在此基础上，再去收集信息。

你准备收集哪些信息呢？

我们应当创建信息收集的计划，想清楚自己想找什么信息，而非直接在网络搜索信息，这一点十分关键。如果我们没有任何计划就开始收集信息，只会浪费时间。让我们更加高效地收集必要的信息吧！

先建立假设，再收集信息

在确定问题后，我们接下来要做的就是探寻原因。我们可以先把自己能想到的原因作为假设：

- 这里是不是存在问题？
- 这里是不是有些奇怪？

我们要把可能的原因设置为假设。针对问题原因的假设被称为"原因假设"。此处的关键在于，针对发生的问题，建立合理的假设。

如果我们建立的假设并不合理，之后验证假设就是浪费时间。但建立合理的假设是相当困难的，理由有三个。

难以建立合理假设的三个理由

第一，偏向于在自己负责的领域寻找原因

一旦问题摆在眼前，人们往往会立刻想从身边的事物中寻求原因。

销售人员往往会从销售工作中寻求原因，产品研发人员往往

会从产品研发工作中寻找原因，大家往往会在自己负责的领域中思索造成问题的原因。但如果我们眼前发生的问题事关整个公司的业务，或许其原因在我们的责任范围之外。

为了正确分析造成问题的原因，我们必须广泛探寻，而非仅在自己熟悉的领域里寻找。比如销售人员要有宽阔的眼界，不只是着眼于销售领域，也不只是着眼于本企业，而是需要扩展自身的眼界，放眼市场和客户、竞争对手等领域，从中探寻造成问题的原因。

但是人们的关注点必然有所偏重。一个人的专业程度越高，思考问题时就越容易偏向在自己熟悉的领域找答案。

不太了解经营知识的人由于不甚了解整个业务流程，在多数情况下，即使想建立假设，也无法基于事情的背景想象究竟发生了何事。这就是人们常说一个人只有在拥有了丰富的经营知识和经验的情况下才能建立合理的假设的原因。

第二，过度依赖框架

在找出本质性课题前，我们已经完成了"理解现状"这一阶段，确定了问题发生点，比如该产品利润率下滑、某些营业网点的销售额显著下滑等。

由于问题已经明确了，因此我们应当建立假设，探寻问题为何会产生。但有时我们会在没有建立假设的情况下过度依赖框架。经常有人不管三七二十一先利用框架，收集与该框架相吻合的信息，再整理并填入框架。实际上，这种做法的效率很低。

如果我们使用这种方法，就不再会假设问题为何会发生，而是仅仅将信息输入框架。归根结底，我认为利用框架整理收集到的信息非常方便，但在研究收集何种信息时就容易过度依赖框架。

例如我们想利用3C分析法①收集信息，应该收集什么信息才好呢？

- ·关于市场和客户，应该收集什么信息呢？
- ·关于竞争对手，应该收集什么信息呢？
- ·关于本企业，应该收集什么信息呢？

3C分析法本身并没有告诉我们具体该收集什么信息。作为整理信息的工具，框架是非常有用的。但在建立假设、思考必要信息方面，框架的分类就比较粗糙了。可能有人有这样的经历：想要寻找符合框架的信息，但到底要收集什么信息，只能由自己考虑，框架根本帮不上忙。

---

① 3C分析法是指在制定企业战略时，必须考虑本企业（Company）、客户（Customer）和竞争对手（Competitor）三个关键因素，这是大前研一提出的。在本书中，作者将"客户"扩展为"市场和客户"。

在利用框架收集信息后，即使我们总结自己想要表达的内容，也可能会出现因为收集到的信息不太实用导致无法顺利总结信息的情况。我把这种状态称为"不管三七二十一先利用框架综合征"。如果我们认为利用了框架就能解决所有问题，那就是看上去似乎在思考，实则已经放弃思考了。

我十分理解这种越了解框架越想将其实际应用的心态，但说到底，框架只是辅助思考的工具。在整理信息、建立假设之后，我们可以使用框架以防假设出现遗漏。

如果我们过度依赖框架，就会按照以下流程思考问题：不建立假设→先随便收集一些信息→试着把信息输入框架→想要解释收集到的信息，但其中并未包含真正有用的信息→无法得出任何有用的结论。这就是过度依赖框架的结果。虽然框架用起来很方便，但越是方便的工具就越容易暗藏陷阱。

第三，不断随意建立假设

不管建立多少有关问题起因的假设，其内容也不是随心所欲的。总之，并不是不论好坏只要建立假设就行了。

所谓假设，是从现阶段已知信息中推导出的临时答案。

以找出本质性课题的流程来说的话，我们假设答案为"问题起因是不是××"。这可不是胡乱猜测，而是以现阶段可能性最大的情况作为假设，以此为根据考虑问题，之后再验证事实。

如果我们盲目建立假设，之后的工作效率就会降低。验证假设需要耗费大量时间，如果假设的准确性较低，我们从验证假设的过程中得到成果的概率就会很低。

那么，该如何是好呢？

只要掌握了技巧，我们就能建立合理的假设。

为此，我们需要立足于部门负责人的视角，审视出现的问题及其背后的起因。换言之，我们要从俯瞰全局的视角建立假设。

如果我们拥有部门负责人的视角，那么即使我们身为一线销售人员，也能逐步学会如何建立假设，考虑从销售工作之外的地

跨越自身工作视角的局限，站在部门负责人的视角建立假设

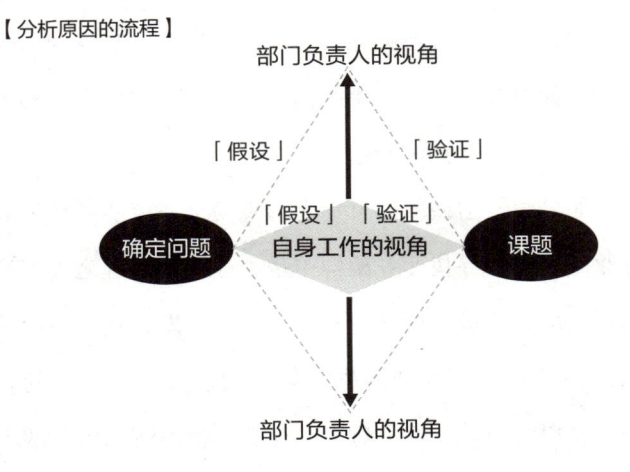

【分析原因的流程】

```
                    部门负责人的视角
                          ↑
              「假设」        「验证」
                    「假设」「验证」
         确定问题    自身工作的视角    课题
                          ↓
                    部门负责人的视角
```

方寻找导致问题发生的原因。因此，我们要站在部门负责人的视角考虑问题背后的原因。想要做到这一点，拥有模式识别的意识十分重要。

模式识别指发生的问题与其背后存在的原因之间的关系规律。只要不断提高模式识别的意识，我们就能逐渐掌握建立假设的能力，如这个问题的背后应该存在某些情况。

如果我们能了解企业运营的原理和原则，就能在某种程度上建立假设。

只要掌握部门负责人的视角，就可俯瞰整体业务

从部门负责人的视角考虑问题，会有什么好处呢？

每个人都会自然而然地关注自己的专业领域，难免因为无法俯瞰整体业务而目光短浅。如果我们下意识地建立假设，那也只是站在自身工作的视角考虑问题。

但是，如果我们站在部门负责人的视角，那就能够从整体的角度纵览业务流程，寻找业务架构中是否存在不合理之处。换言之，我们要像部门负责人那样从整体的角度出发，建立假设并验证事实，之后便能逐步发现问题。然后我们可以从不同的观点（如市场和客户的观点、竞争对手的观点、价值链和组织的观点

以及外部环境的观点等）出发建立假设并收集情报。

部门负责人的视角是指什么？

　　部门负责人的视角是指什么？顾名思义，这是指从部门负责人的角度纵览企业的业务流程。为此，我制作了原创的企业整体业务流程图。

　　我们可以利用这幅整体业务流程图观察商业全貌。把这幅图一直记在自己的脑海中，我们就可能建立合理的假设。虽然各行各业的企业提供不同的产品和服务，但大体的业务流程是相似的。如果我们想要了解如何开展商业活动，就要先从大体上了解业务流程的整体情况，这幅从部门负责人的视角出发的整体业务流程图便可派上大用场了。

　　或许有人并不认同这幅整体业务流程图，认为自己身处的行业和其他行业完全不一样。虽然有人抱着这种想法是很正常的，但如果说自己所在的公司完全是独一无二的，这就是阻碍自己学习新知识的借口了。各位读者在思考与自身相关的商业活动时，认知商业活动的普遍规律是大有帮助的。了解商业活动的普遍规律是各位读者深入理解商业活动的第一步。

　　那么，部门负责人视角下的业务流程是怎样的？

从部门负责人的视角来看，从左向右排列着"市场""目标客户""客户""产品和服务""价值链""财务数据""市场竞争力"，最下方还有"外部环境"。这幅图展现了商业流程的基本内容。

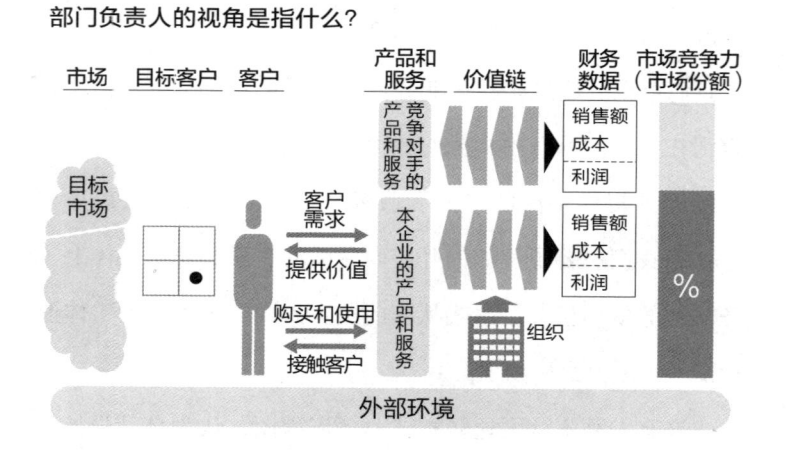

部门负责人的视角是指什么？

市场　目标客户　客户　产品和服务　价值链　财务数据　市场竞争力（市场份额）

目标市场

客户需求 →
← 提供价值
购买和使用 →
← 接触客户

竞争对手的产品和服务
本企业的产品和服务

销售额
成本
利润

销售额
成本
利润

组织

%

外部环境

各要素紧密联系在一起，如下文所示：

·最左侧为本企业参与竞争的市场，其中包括本企业重点关注的目标市场。

·在目标市场中，有不同类型的消费群体，其中包括本企业的目标客户。

- 针对目标客户的需求，本企业通过产品和服务提供价值吸引客户。竞争对手与本企业进行竞争，尝试通过产品和服务为同样的目标客户提供价值。
- 为了让客户购买并使用产品和服务，本企业和竞争对手都需要拥有能接触客户的渠道。
- 为了将产品和服务提供给客户，本企业和竞争对手都需要拥有自身的价值链和实现该价值链的组织。
- 财务数据和市场竞争力展现了左侧相关要素代表的企业行为导致的结果。
- 位于最下方的外部环境影响各项要素。

根据部门负责人的视角，左侧的要素表示企业行为。

具体来说，企业选择要进军的市场，确定目标客户，以产品和服务为载体向客户提供具体的价值。企业为了展现出自身的吸引力，要通过渠道接触客户，提供产品和服务。企业还要加强自身的价值链，完善支持价值链运转的组织。

企业行为的结果在财务数据方面以销售额、成本和利润的形式体现；在市场竞争力方面以市场份额的形式体现。

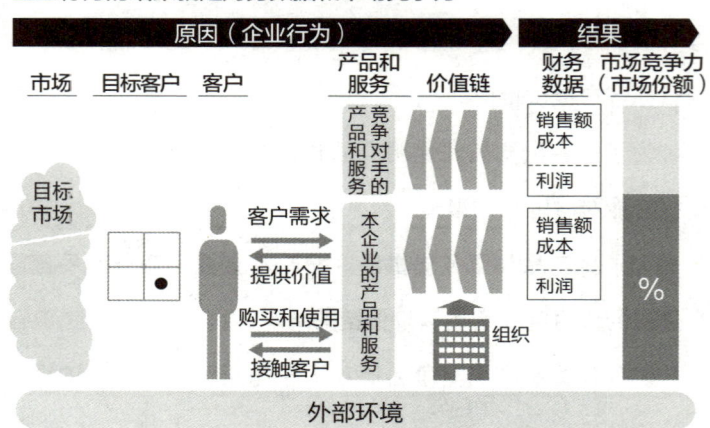

企业行为的结果就是财务数据和市场竞争力

```
         原因（企业行为）              结果
                                    财务    市场竞争力
  市场   目标客户  客户   产品和   价值链   数据   （市场份额）
                        服务
                        竞
                        争    ┌──────┐     ┌──────┐
                        对    │销售额│     │      │
                        手    │成本  │     │      │
                        的    ├──────┤     │      │
                        产    │利润  │     │      │
                        品    └──────┘     │      │
                        和                  │      │
  目标            客户需求   服    本      ┌──────┐     │  %   │
  市场          ←────────   务    企      │销售额│     │      │
                 提供价值         业      │成本  │     │      │
                ────────→         的      ├──────┤     │      │
                购买和使用        产      │利润  │     │      │
                ────────→         品      └──────┘     └──────┘
                接触客户          和        ┌──┐
                ←────────         服        │组│组织
                                  务        │织│
                         外部环境
```

若存在任何问题，可以考虑问题的原因是否存在于企业行为中

在企业的整体业务中，存在的问题都与财务数据和市场竞争力相关，在图中以结果的形式展现出来。我们可以认为，企业行为是问题的原因所在。换言之，我们可以认为问题的原因就在这幅图左侧的部分中。总而言之，只要掌握了图中右侧的结果和左侧的原因之间关系的规律，我们就能建立合理的假设。

第三种武器
部门负责人的视角

至此,正如上文中的说明,"部门负责人的视角"是指在寻找课题之际,不执着于自身工作和职责,而是综合考虑整体业务情况,不会被困于局部最优的陷阱,建立合理假设的方法。

只要具备这种武器,我们在面对任何问题时都可以俯瞰整体业务,进而建立自己的假设。具体来说,我们可以先记住数种思考原因的典型模式,这样就可以开阔自身眼界,在遇到问题的时候就可以建立合理的假设。

当问题出现时,我们的模式识别的意识越强,就能越快地建立合理的假设,判断问题发生的原因。

我把导致问题发生的原因大致分为七种,对应原因假设的七种模式。希望各位读者在掌握了这七种基础模式后,能够提高自己的模式识别能力。

现在,让我们进入七种模式的学习之旅。

原因假设的七种模式

①市场是否发生了变化？

②目标客户是否发生了变化？

③企业是否没有满足客户需求？

④企业是否向目标客户展示了产品和服务的吸引力？

⑤企业是否未能构建可持续向客户提供价值的价值链？

⑥支撑价值链的组织是否存在问题？

⑦外部环境是否发生了重大变化？

通过了解这些模式，我们在遇到问题时就能建立造成问题的

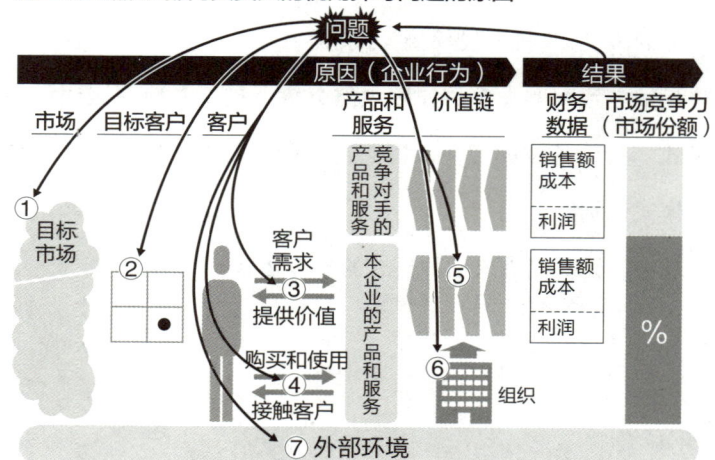

第三种武器 从部门负责人的视角探寻问题的原因

原因的假设。接下来，我将为各位读者详细介绍关于这七种假设模式的具体内容。

这些假设模式存在于各行各业之中，因此极有可能适用于各位读者所在的公司。我会分别用图片说明典型案例，借此介绍不同假设模式。如果我们能够制作出可能发生的问题的概要图，掌握可能发生的情况，那么建立合理的假设的可能性也就大大提高了。

解决问题地图的第三步"收集信息"分为四个部分："市场和客户""竞争关系""价值链和组织""外部环境"。我整理了这四个部分与七种原因假设模式之间的关系。

"市场和客户"部分对应原因假设模式①②，探查本企业竞争的市场与目标客户有无发生变化。

"竞争关系"部分对应模式③④，针对客户的相关内容，观察竞争对手与本企业的竞争关系。竞争关系分为两种：③是从客户需求的角度分析问题；④是从接触客户的渠道的角度分析问题。

"价值链和组织" 部分对应模式⑤⑥。

"外部环境"部分对应模式⑦。

那么，让我们一起看看与七种原因相关的假设模式。

假设模式①：市场是否发生了变化？

导致问题出现的第一种原因是本企业参与竞争的市场发生了变化。我们可以从这个角度出发建立假设。市场就是本企业参与竞争的地方。

如果市场状况已经恶化，那么无论企业在市场上多么努力拼搏也很难取得理想的成果。因此在出现问题的时候，我们要先从宏观的角度出发，建立与市场相关的假设。

与市场相关的假设有三种模式：

假设模式①-1：市场整体萎缩了吗？

如果市场整体萎缩了，那么市场中的商业机会也会相应减少。

我们要先试着了解一下本企业参与竞争的市场的整体状况。市场状况变化会对本企业的商业活动产生较大影响。

假设模式①-2：目标市场是否萎缩了？

虽然市场可以被视为一个整体，但如果对市场进行细分，其中存在发展趋势各不相同的细分市场。即使市场整体并未萎缩，我们仍不可掉以轻心，因为可能存在市场整体增长但本企业的目标市场日渐萎缩的情况。

当市场整体处于萎缩状态时，往往存在部分细分市场会随着市场整体一同萎缩、部分细分市场并没有萎缩甚至增长的情况。因此，我们需要确定本企业的目标市场是否有萎缩的迹象。

假设模式①-3：目标市场的吸引力是否正在下降？

我们要把注意力放到分析市场吸引力是否下降，而非市场规模是否萎缩。

市场吸引力是企业在市场中盈利难易程度的主要体现。即使市场规模很大，也存在企业难以在该市场盈利的情况，因此我们有必要观察市场的吸引力。

假设模式①-3：目标市场的吸引力是否正在下降？

```
            新进入者
               ↓
 供应商 →  行业内现有  ← 购买者
            竞争者
               ↑
            替代品
```

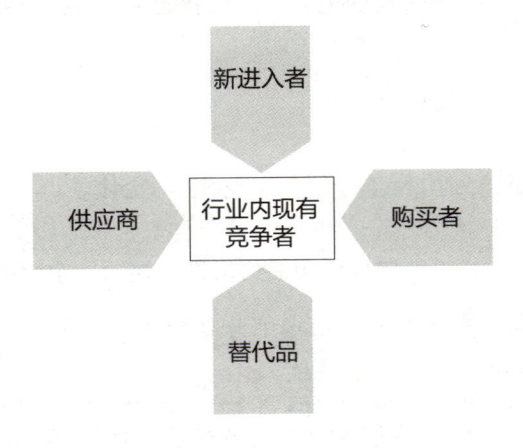

各位读者可以想一下自己所在城市的实体书店的经营情况。你们觉得这些实体书店是否盈利呢？实体书店大多经营艰难。随着人们习惯于在网上购买纸质书和纸质书的替代品电子书普及，实体书店的盈利状况越来越严峻。

大家可以再想一下高考补习学校的生意怎么样。用户只需要每月花费1000日元左右就可以在线收看名师讲课。

如上所述，如果市场上不断出现实力强劲的新进入者，那么原来在市场中的企业将越来越难以盈利。

我们还可以通过观察供应商的议价能力是否变弱、购买者的议价能力是否变强分析市场吸引力是否下降。

这些假设都是基于五力分析模型[①]的。通过观察影响市场竞争的四个要素及其与市场的关系，我们就能了解目标市场的吸引力是否降低了。

假设模式②：目标客户是否发生了变化？

下文为与目标消费群体相关的假设。在同一个目标市场中，存在着不同需求的客户。市场细分是指划分需求相同的客户群

---

① 五力分析模型是迈克尔·波特提出的可以有效分析竞争环境的模型。五力分别是：供应商的议价能力、购买者的议价能力、潜在竞争者进入的能力、替代品的替代能力、行业内现有竞争者的竞争能力，这五种力量不断变化导致行业利润潜力变化。

体。目标定位是指在细分后的市场中，企业明确瞄准一部分客户群体。本企业瞄准的细分市场，就是目标客户。

假设模式②主要查看目标客户是否发生了变化。下面我们来看看具体的例子。

假设模式②-1：目标客户的吸引力是否下降了？

假设模式②–1就是在找寻问题发生的原因时，查明本企业目标客户的吸引力是否下降了。

如果本企业目标客户的吸引力降低，本企业的经营也将陷入困境。此处所说的有无吸引力是指能否从中盈利。我们可以从两个角度观察目标客户的吸引力。

第一，规模大不大？

第二，增长率高不高？

本企业瞄准的细分市场，规模越大机会也就越多，增长率越高市场的空间越大。

另外，其他公司同样会针对该细分市场开展业务，如果我们能确认其他公司的平均利润率，就能确认目标市场的吸引力。

市场细分是什么?

- 市场细分是指对需求相同的客户群体进行划分
- 目标定位是指确定目标顾客

细分市场 1	细分市场 2
细分市场 3	细分市场 4

假设模式②-2:如果被竞争对手拿下一部分目标客户会怎样?

接下来的假设是竞争对手拿下本企业瞄准的一部分目标客户。

本企业瞄准的目标客户包含了有不同需求的客户。本企业计划用自己的产品和服务满足所有客户的需求,但竞争对手抓住机会,抢走了一部分目标客户。

比如行业龙头企业提供了可以满足所有目标客户需求的产品和服务,包含细分市场1、2、3、4。一般而言,行业龙头企业旨在让多数客户购买及使用本企业的产品和服务,并不会盯着某个特定的小众市场。因此,行业龙头企业针对多数客户,往往以一种产品和服务参与市场竞争。

但这种做法就会给竞争对手提供市场机会。行业龙头企业想要满足所有目标客户的需求，必定要提供各方面都比较均衡的产品和服务。因此，我们必须探查其他公司会不会抓住这个机会抢夺本企业的目标客户。

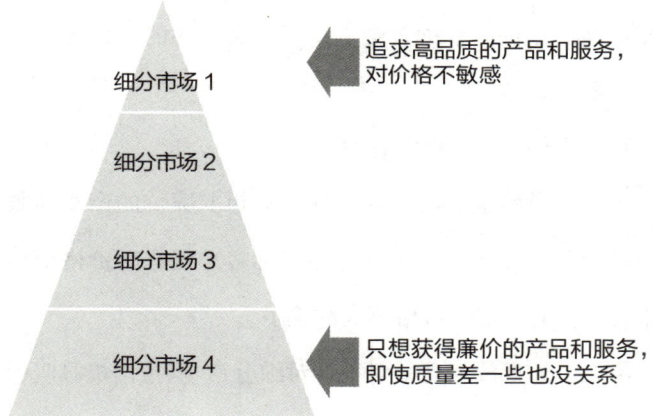

假设模式②-2：如果被竞争对手拿下一部分目标客户会怎样？

细分市场 1 ← 追求高品质的产品和服务，对价格不敏感

细分市场 2

细分市场 3

细分市场 4 ← 只想获得廉价的产品和服务，即使质量差一些也没关系

普通产品和服务无法满足细分市场1的目标客户的需求，这些目标客户追求高品质的产品和服务。如果企业能提供他们想要的产品和服务，就算价格高昂，他们也可以接受。对于这类目标客户来说，只要能实现他们的特殊愿望，他们愿意接受较高的价格。但是希望满足大多数目标客户需求的行业龙头企业希望尽可能让大多数人购买本企业的产品和服务，很难只针对细分市场1开展业务。

还存在另一种情况，细分市场4的目标客户只想获得廉价的产品和服务，即使质量差一些也没关系。相较于其他细分市场，细分市场4的目标客户不太愿意支付高昂的价格。因此，行业龙头企业也许会认为让竞争对手攻入细分市场4也无所谓。

这种想法是非常致命的。细分市场4的目标客户的吸引力其实并不低。或许有些读者会觉得对价格敏感的目标客户毫无吸引力，但事实并非如此。

这是为什么呢？理由有两点。

第一，虽然这些目标客户现在只想要廉价的产品和服务，但客户是会不断变化的。虽然这些目标客户现在对价格敏感，但在未来，他们有可能对价格不太敏感了。

第二，如果放任竞争对手针对细分市场4推出极具吸引力的产品和服务，一旦竞争对手在细分市场4确立了领先地位，就会逐步设法向其他细分市场渗透。作为面向细分市场4的品牌，其拥有极强的存在感，这也令其更容易打入其他细分市场。

出于以上两个理由，虽说细分市场4的目标客户需要的是低端产品和服务，但我们也不应放任不管，任由竞争对手攻城略地。我们要考虑竞争对手会不会向对价格不敏感、追求高品质产品和服务的细分市场1进攻，也要考虑竞争对手是否已经向对价格敏感、可以容忍质量稍差的产品和服务的细分市场4发动进攻。

假设模式③：企业是否没有满足客户需求？

下文的假设与客户需求相关。

假设模式③为探寻客户需求是否得到了满足。与客户需求相关的假设模式有两个。

假设模式③-1：是不是未能满足客户需求？

当出现问题时，我们要探查本企业的产品和服务能否满足客户需求。

我们可以先试着按重要性的顺序依次列出客户购买本企业的产品和服务的理由（购买动机），然后试着从目标客户的角度出发，按照各项购买理由，对本企业与竞争对手进行打分。如果客户没有选择本企业的产品和服务，那么可能是因为在排名靠前的购买理由上，本企业的得分较低。

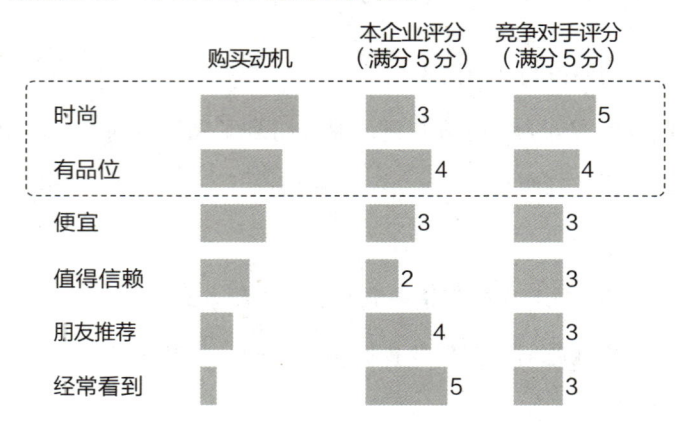

假设模式③-1：是不是未能满足客户需求？

购买动机	本企业评分（满分5分）	竞争对手评分（满分5分）
时尚	3	5
有品位	4	4
便宜	3	3
值得信赖	2	3
朋友推荐	4	3
经常看到	5	3

假设模式③-2：是否与竞争对手形成差异化竞争？

为了让客户选择本企业的产品和服务，我们必须与竞争对手形成差异化竞争。

具体来说，我们必须让客户拥有这样的认知：想要购买××，就应该买本企业的产品和服务。对于私人定制西装株式会社来说，如果能让客户认识到"想要购买高品质的西装，就应该去私人定制西装株式会社"，客户选择私人定制西装株式会社的产品和服务的可能性就会提高。

举个例子，在挑选高考补习学校时，你的选择标准是什么呢？有人会想去有名师授课的补习学校，也有人会想去名校录取率高的补习学校，还有人主要在意学费的高低和学校的交通是否便利。

如上所述，选择的标准很多，但为了让客户最终选择本企业，我们就需要在客户重视的购买理由方面下功夫，让客户认识到"想要购买××，就应该买本企业的产品和服务"。

下图左侧的定位图展现了本企业和竞争对手在目标客户心中的位置，可以说明客户是否会选择本企业的产品和服务。我们可以用定位图表示客户的想法。

图中纵轴和横轴表示客户选择产品和服务的理由。如果我们分析补习学校的情况，可以将有无名师或有无一对一教学作为一条轴，将其他重要因素作为另一条轴，比如是否可以在线学习或学费高低。

假设模式③-2：是否与竞争对手形成差异化竞争？

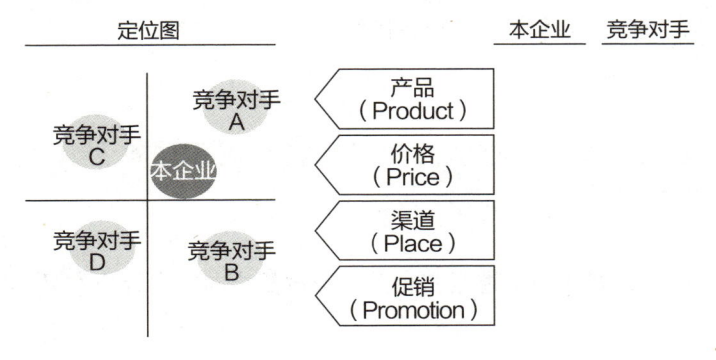

定位图		本企业	竞争对手
竞争对手A / 本企业 / 竞争对手C / 竞争对手B / 竞争对手D	产品（Product）		
	价格（Price）		
	渠道（Place）		
	促销（Promotion）		

如上所述，在绘制定位图时，我们要在客户重视的购买理由方面下功夫，最好让客户认识到"想要购买××，就应该买本企业的产品和服务"。客户是不会选择每个要素都处于中间值的产品和服务的。

企业的市场营销活动让企业在定位图中占据了相应的位置。市场营销活动的四个方面位于定位图的右侧。本企业通过在产品、价格、渠道、促销四个方面的努力，最终逐步在目标客户的心中占据一定的位置。

在发生问题的时候，我们应当以该假设为基础思考为何本企业无法与竞争对手形成差异化竞争。我们应该在目标客户的心中占据一个特定的位置，但营销活动的结果可能是本企业的产品和服务在目标客户的心中处于不上不下的位置，导致本企业无法与竞争对手形成差异化竞争，那就无法让客户认为"想要购买××，就应该买本企业的产品和服务"。

假设模式④：企业是否向目标客户展示了产品和服务的吸引力？

假设模式④与渠道紧密相关。渠道是指向客户提供产品和服务的方法。

- 让客户在何处获悉本企业产品和服务的信息？
- 如何让客户购买本企业的产品和服务？
- 如何让客户使用本企业的产品和服务？
- 如何让客户继续使用本企业的产品和服务？

各行各业都在加速数字化进程，渠道也发生了翻天覆地的变化，近些年来，渠道的重要性日益提高。

无论企业拥有多么优质的产品和服务，如果不能让其接触目标客户，目标客户自然不会产生购买欲。

如果企业无法直接接触客户，便只能经其他公司提供的渠道向客户提供本企业的产品和服务，那么企业就无法获取客户数据，也无法取得客户的反馈信息，这有可能严重阻碍企业的长期发展。

不管企业提供什么产品和服务，加强与客户接触的渠道自始至终都是一个极为重要的课题。在发生问题的时候，我们需要研判本企业的渠道是否被削弱了。

假设模式④-1：本企业是否能应对客户购买渠道（购买流程）的变化？

比如我们可以尝试探索一下，本企业是否会出现类似第94页图中的情况。

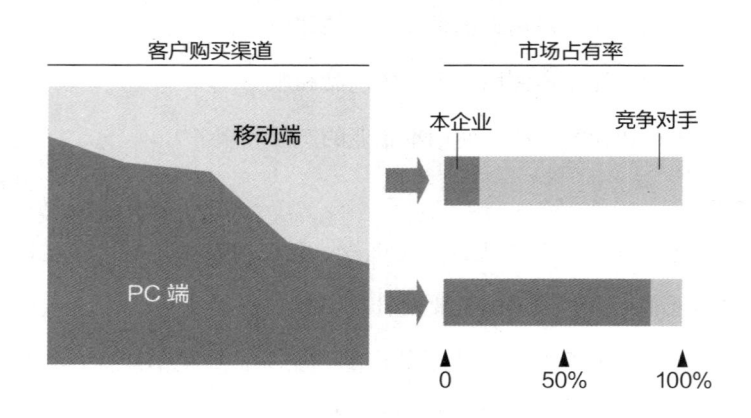

假设模式④-1：本企业是否能应对客户购买渠道（购买流程）的变化？

虽然只是概略图，但上图的左图展现了客户使用渠道的变化情况。自前些年开始，通过PC端购买本企业产品和服务的客户的比例锐减，而通过移动端购买本企业产品和服务的客户的比例激增。

从不同的渠道来看，本企业在PC端渠道的市场份额较高，而在移动端渠道的市场份额较低。这种情况明确说明：本企业无法应对客户购买渠道的变化。

虽然本企业能让客户通过PC端渠道购买本企业的产品和服务，却无法适应该渠道逐渐由PC端向移动端过渡的变化，因此失去了市场份额。

如上所述，一旦客户的购买流程发生变化，市场份额就会发生相应的变化，行业竞争关系也将在短时间内发生变化。

当发生问题时，我们容易只关注产品和服务方面的问题，但我们必须注意本企业能否应对渠道的变化。客户的购买方式是否改变了？本企业与客户接触的方式是否改变了？不论如何提升产品和服务的吸引力，一旦客户购买本企业产品和服务的渠道出现问题，本企业就会面临巨大的麻烦。

假设模式④-2：本企业是否将产品和服务的卖点传达给了客户？

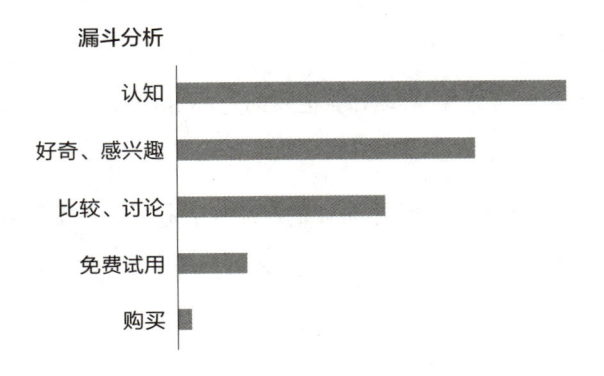

我们要探查本企业是否将产品和服务的卖点传达给了客户。

假设模式④-2：本企业是否将产品和服务的卖点传达给了客户？

漏斗分析

- 认知
- 好奇、感兴趣
- 比较、讨论
- 免费试用
- 购买

如第95页图所示的分析方式被称为"漏斗分析"。漏斗分析是一种思维法，图中纵轴表示客户从了解本企业的产品和服务到购买产品和服务的一系列流程，我们要在其中找寻漏洞，查明客户流失的原因。

购买本企业产品和服务的人仅占世界人口极少的一部分。这就意味着，其他人在购买流程的某一环节流失了。我们应探查客户是在哪个环节流失的。

如果发生问题，那就意味着在市场营销工作的某个环节出现了很大的漏洞。

· 本企业的产品和服务知名度本来就很低吗？

· 虽然很多人知道本企业的产品和服务，但大多数人都不感兴趣吗？

· 在比较和讨论的环节，本企业的产品和服务败给了竞争对手的产品和服务了吗？

· 客户愿意免费试用本企业的产品和服务，却不愿意付费购买吗？

· 客户在初次购买本企业的产品和服务后就不重复购买了吗？

我们可以针对漏洞建立类似的假设。

假设模式⑤：企业是否未能构建可持续向客户提供价值的价值链？

价值链是企业将价值提供给客户的按时间顺序排列的一系列活动。

什么是价值链？

```
研发 > 采购 > 生产 > 物流 > 市场营销 > 销售 > 售后服务
         _____ MECE原则 _____/
```

按照MECE原则，价值链包括研发、采购、生产、物流、市场营销、销售、售后服务等一系列企业活动。

在研发环节，企业研究新产品与技术。

在采购环节，企业采购原材料。

在生产环节，企业制造产品。

在物流环节，企业将产品送至销售网点。

在市场营销环节，企业向客户介绍产品和服务的亮点。

在销售环节，企业将产品实际销售给客户。

在售后服务环节，企业跟踪客户使用产品的情况，并提供必要的支持。

如上所述，企业的一系列过程构成了价值链。当然，并不是所有企业的价值链都是相同的。不同的企业对价值链的构成与顺序的思考也是截然不同的。

比如有些公司负责生产其他公司的产品；还有些公司仅负责研发和销售环节，而把生产等环节外包给其他公司。此外，研发、市场营销、销售等环节的排列顺序，也会因企业不同而有所变化。

尽管每家企业的价值链都有不同的部分，但大体上都是类似的，制订计划、研发、生产并提供产品，为客户创造价值，不断满足客户的需求。下面，我将为各位读者介绍与价值链有关的假设模式。

假设模式⑤-1：本企业能否对KFS进行加强？

KFS（Key Factor for Success）是关键成功因素的简称。为了实现客户价值，KFS是价值链中最关键的部分。我们应探查本企业能否对KFS进行加强。

假设你运营着一所帮助考生准备高考的大型补习学校，哪个部分可以成为KFS呢？作为客户的考生为了取得好成绩而选择补习学校。为了给考生提供高价值的补习服务，KFS可能是聘用高水平的讲师以提供富有吸引力的课程。因此，配备知名讲师和指导能力得到公认的讲师，是强化价值链，进而为客户创造价值的关键。

假设你经营的是一所提供一对一指导的补习学校，其KFS又是什么呢？与前面提到的大型补习学校不同，提供一对一指导的补习学校以不同的方式向客户提供价值。拥有能给予悉心指导的讲师、配合当地公立高中教学计划的教学辅导体系等，或许更为关键。

假设模式⑤-1：本企业能否对KFS进行加强？

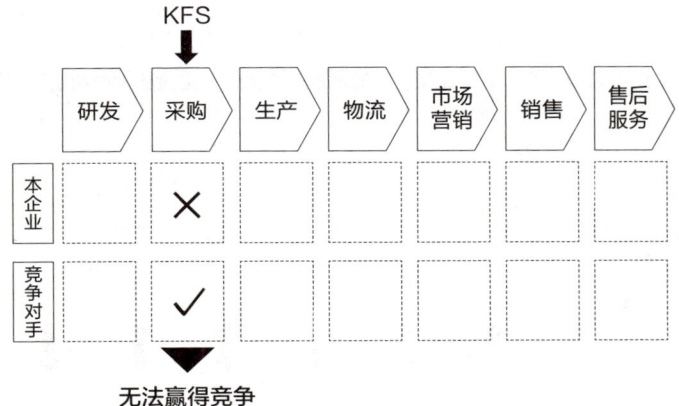

KFS
↓

	研发	采购	生产	物流	市场营销	销售	售后服务
本企业		✕					
竞争对手		✓					

↓
无法赢得竞争

由此可见，即使处于相同的行业，不同企业的KFS也会有所不同。我们要查明本企业创造客户价值的KFS，以及KFS是否能被加强。

假设模式⑤-2：本企业的价值链是否强大？（能否做到价廉物美？）

通过假设模式⑤-1，我们将价值链某一环节确定为KFS，并考虑能否加强KFS。换言之，通过这种方法，我们可强化价值链的某个环节，并借此提升客户价值。

通过假设⑤-2，我们可以探查在整个价值链中本企业能否处于领先于竞争对手的状态，探索本企业在价值链的各个环节是否都处于领先于竞争对手的状态而非仅有特定环节存在优势。也许有些人会觉得这个假设的标准相当高。正因如此，假设模式⑤-2才会成为行业龙头企业应该具备的视角。

假设模式⑤-2：本企业的价值链是否强大？（能否做到价廉物美？）

	研发	采购	生产	物流	市场营销	销售	售后服务
本企业							
	↕	↕	↕	↕	↕	↕	↕
竞争对手							

行业龙头企业的目标是为众多目标客户提供价廉物美的产品。为了实现这一目标，行业龙头企业就需要在价值链的各个环

节处于领先的状态。为了成为行业龙头企业,我们需要不断探索本企业与竞争对手相比,能否在各个方面都做到最好。

假设模式⑥:支撑价值链的组织是否存在问题?

想要在业务上取得成果,企业就必须切实对组织进行强化。下面让我们看看造成问题的原因是否潜藏在组织内部。

麦肯锡顾问公司设计了7S框架①以观察企业组织的情况。

在观察组织之际,三个硬件要素是直观的,四个软件要素不是直观的,我们要确认这些要素是否正常运行。

硬件的"3S"分别为:
Strategy(战略);
Structure(组织结构);
System(制度)。

软件的"4S"分别为:
Style(风格);

---

① 麦肯锡7S框架包括组织的七要素:战略(Strategy)、组织结构(Structure)、制度(System)、风格(Style)、员工(Staff)、技能(Skill)、共同的价值观(Shared Value)。

Staff（员工）；

Skill（技能）；

Shared Value（共同的价值观）。

三个硬件要素是直观的，相对容易改变；四个软件要素不是直观的，相对很难改变，但这些要素同样至关重要。我们可以通过观察这七个要素探查组织的情况。

假设模式⑥：支撑价值链的组织是否存在问题？

接下来，我们一边运用前面介绍过的7S框架，一边建立具体的假设。

- 问题发生的原因是否藏在战略（Strategy）中？

  目标是否明确？

  战略是否明确？

  是否正确认识了本企业的强项？

- 问题发生的原因是否藏在组织结构（Structure）中？

  组织结构是否符合战略的要求？

  组织层级有没有增加？

- 问题发生的原因是否藏在制度（System）中？

  管理系统和信息系统是否正常运作？

  评估与奖励制度是否有用？

- 问题发生的原因是否藏在风格（Style）中？

  企业文化是否符合战略的要求？

  企业的工作氛围有无变化？

- 问题发生的原因是否藏在员工（Staff）中？

  为了实施战略，是否发挥了领导力的作用？

  招聘和人才培训工作是否存在问题？

- 问题发生的原因是否藏在技能（Skill）中？

  员工具备的技能是否够用？

  员工能否娴熟运用技术？

- 问题发生的原因是否藏在共同的价值观（Shared Value）中？

  共同的价值观是否与本企业的经营工作契合？

  本企业的使命和愿景是否深入人心？

以上便是与组织息息相关的假设模式。

我觉得相较于其他假设，建立起与组织息息相关的假设更为容易。对我们每个人来说，与组织息息相关的问题就在我们身边。

但企业毕竟是工作的地方，我们在工作中难免会碰到不顺心的事情。因此，我们必须静下心，认真考虑组织中是否真的存在问题。如果我们执拗地认为组织就是导致问题发生的原因，那么我们就很可能会没有意义地抱怨、指责组织。在建立假设的同时，我们应从战略与组织的关系出发看待问题。

假设模式⑦：外部环境是否发生了重大变化？

最后一个角度是从外部环境找寻导致问题发生的原因。在问题发生时，我们要探查外部环境是否发生了重大变化。

在探查外部环境是否发生了重大变化的时候，我建议各位用PEST分析[①]框架。

企业的经营情况深受外部环境的巨大影响，因此我们应探查外部环境是否发生了改变。

前面的六种假设模式假设了导致问题发生的直接原因，这些

---

① PEST分析是分析企业外部宏观环境的框架，通过Political（政治的）、Economic（经济的）、Social（社会的）和Technological（技术的）维度对企业生存与发展的宏观环境进行分析。

假设也可帮助我们掌握导致问题发生的原因背后的外部环境变化情况。

PEST分析

- **政治环境有无变化？**

  本企业是否受法律法规变化的影响？

  本企业是否受政局变化的影响？

- **经济环境有无变化？**

  整体经济情况如何？

  本企业是否受到了汇率和利率变化的影响？

- **社会环境有无变化？**

  本企业是否受人口变化的影响？

  社会的价值观和发展趋势有无变化？

- **技术环境有无变化？**

  本企业是否受技术更新换代的影响？

尝试站在部门负责人的视角，建立假设

至此，我们学习了建立原因假设的方法。现在就让我们学以致用吧。

第三步（收集信息）私人定制西装株式会社篇

我们应当如何收集信息呢？

我们可以利用部门负责人的视角，只要掌握全局观，我们便能建立合理的假设，找出可能发生了何事。

确定问题1：独创款式西装占比下滑，平均售价下滑。对于这个问题的起因，我们能想到什么呢？任何问题都有其原因，我们可以尝试站在部门负责人的视角，广泛地建立假设。

- （市场）定制西装行业的平均售价是否在不断下降？
- （目标客户）高平均售价的细分市场是否被竞争对手占领？
- （客户需求）竞争对手是否在同一细分市场推出了更富有吸引力的产品和服务？
- （客户需求）客户对高品质面料制作的西装的需求优先级是否下降了？
- （渠道）高价位西装的购买渠道有无变化？
- （渠道）本企业是否无法接触到高平均售价的细分市场的

目标客户？

- （价值链）在客流量不断增加的同时，本企业的价值链是否未能得到加强？
- （组织）本企业是否形成了能够应对预约客户数量增加的组织制度？
- （外部环境）是否存在会对本企业经营环境带来重大影响的技术革新？

对于确定问题1，我们广泛地建立假设，考虑到了可能影响整体业务的各方面原因。不言而喻，在上述假设之外，肯定还存在很多可能的假设，请各位读者尝试自己建立假设。

确定问题2：预约人数增加，但购买率下滑。我们也就这一问题，试着建立了能想到的假设。关于预约人数增加和购买率下滑方面的问题，我们可以考虑问题是否出在本企业的市场营销流程上。

我们可以将市场营销流程总结为招揽客户→预约→接待客户→交货→售后服务，并尝试假设各流程环节中的起因，思考问题所在。

- （招揽客户）是否招揽了不合适的客户，其并非本企业的目标客户？

- （预约）是否因为实施客户事先预约制，导致购买欲望低的客户到店人数增加？
- （接待客户）是否由于到店客户人数增加，所以店员无法用心接待每位客户？
- （交货）西装交货日期是否存在延误？
- （售后服务）是否忽视了跟进老客户的工作？

对于确定问题2，我们建立了众多假设，这部分工作就结束了。从下文开始，为了验证上文建立的假设，我们将开始信息验证工作。

在第三步，我们学习了建立导致问题发生原因的假设的方法，但想要进一步提高水平，我们还需要掌握相关商业知识。通过日常学习，我们可以逐步提高自己建立假设的能力。

第 4 章

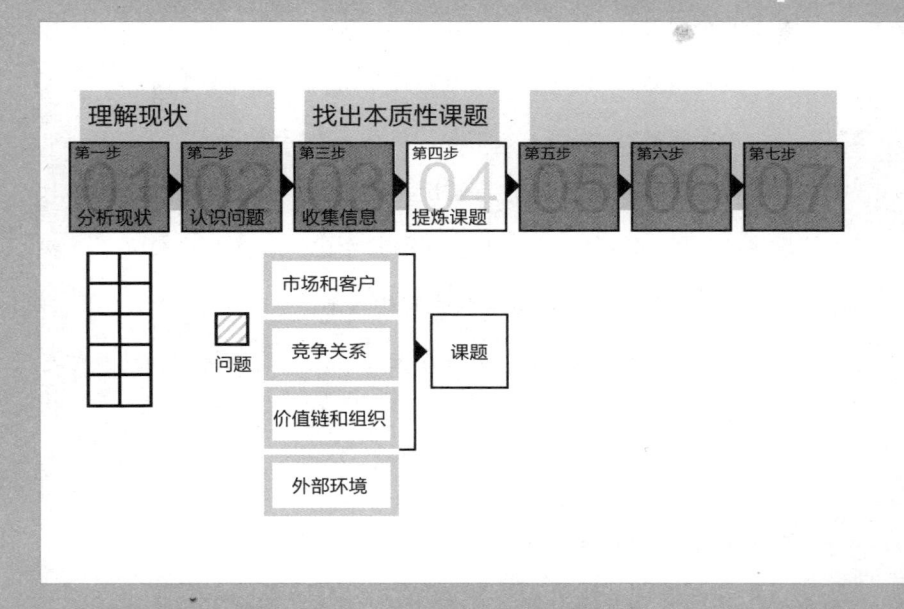

理解现状		找出本质性课题				
第一步 分析现状	第二步 认识问题	第三步 收集信息	第四步 提炼课题	第五步	第六步	第七步

- 市场和客户
- 竞争关系
- 价值链和组织
- 外部环境

→ 课题

问题

第四步
提炼课题

我们正着手解决私人定制西装株式会社存在的问题，已经确定了两个问题。

确定问题1：独创款式西装占比下滑，平均售价下滑。

确定问题2：预约人数增加，但购买率下滑。

在第三步中，我们建立假设并收集信息，而收集信息的工作依托于经营企划部。我们要在第四步中汇总收集到的信息，并提炼课题。下面我们一起看看收集到的信息。

关于确定问题1，我们收集了五项信息。特别说明，这些信息皆为虚构。

为查明确定问题1的原因而收集的信息

信息①：调研公司给出的市场规模报告

〇调研公司说明

男装市场整体呈持续下滑趋势，但其中定制西装的市场规模稳中有增。

迄今为止，定制西装主要面向买不到合身成衣的人和富裕阶层，但近来普通人群也开始购买定制西装了。越来越多企业看中这一点，纷纷进军定制西装市场。客户对定制西装的要求也水涨船高，各家公司的差异化战略备受质疑。

定制西装的市场规模

定制西装市场规模（亿日元）

年份	2008	2009	2010	2011	2012	2013	2014	2015	2016	2017
规模	620	625	633	642	654	683	673	681	674	682

信息②：客户问卷调查结果（按年龄段划分客户，分析主要购买因素）

客户问卷调查结果

选择定制西装时的关注重点
（针对定制西装购买者的网络问卷调查结果　※每个年龄层各选取100名受访者）

	39岁以下	40—49岁	50岁以上
第1位	时尚感	款式、颜色	可以根据自己的情况定制
第2位	价格	可以根据自己的情况定制	面料
第3位	款式、颜色	时尚感	款式、颜色
第4位	品牌	价格	品牌
第5位	面料	面料	时尚感
第6位	可以根据自己的情况定制	品牌	价格

信息③：私人定制西装株式会社门店客户的访谈记录

第一位客户：40—49岁的男性（已购买西装）

"我跳槽后得穿西装上班，因此我需要购买西装。我想要一套自己喜欢的西装，于是上网搜索了一下，得知可以定制西装，我就想到私人定制西装株式会社的三家门店看看具体情况，我让妻子陪我一起过来。我在私人定制西装株式会社的门店发现了上等面料。我个人相当喜欢调查，也研究过面料的相关知识。在得知私人定制西装株式会社面料好于其他店后，我就毫不犹豫地下单了。我选择了时尚款式，非常适合我这种比较瘦的身材。"

第二位客户：50岁以上的男性（已购买西装）

"近五六年来，我一直在私人定制西装株式会社购买西装。私人定制西装株式会社的西装面料好，衣服穿起来感觉非同寻常，而且受到了同事们的认可，都说我的西装不错。但是，前些天，我对儿子说想给他买一件定制西装，我儿子却说私人定制西装株式会社的款式显得老气，符合中年人的审美标准。他后来好像去了其他店买西装。我经常买独创款式和欧式风格款式的西装，或许真的有些显得老气。虽然我常年光顾私人定制西装株式会社，但因为每次去都是不同的店员接待我，所以我至今不记得店员的名字。"

第 4 章
第四步 提炼课题

第三位客户：39岁以下的男性（未购买西装）

"我看到网络广告，广告上写着：推荐给职场新人的第一套定制西装。我就去了一趟私人定制西装株式会社的门店。虽然接待我的店员很有礼貌，但没聊几句话他就递给我一套样品册，有100多种面料，然后让我从中选择。我这次打算买套能给人留下好印象的西装，在重要的工作场合穿，所以很难光靠自己选择西装。我询问店员哪种面料好，对方说藏青色的面料最稳妥。我觉得如果要选择保守稳妥的西装的话，那直接买成衣西装就行了，于是什么都没买就回去了。"

信息④：购买其他公司西装的消费者的访谈记录

第一位客户：39岁以下的男性（公司职员）

"我上个月在甲定制西装的门店购买了西装。我已经工作15年了，想着买一套档次比较高的西装。我看到网络广告，于是走访了甲定制西装的门店和私人定制西装株式会社的门店。甲定制西装的店员不仅在面料方面给我提供建议，还给我推荐了适合我穿的西装款式。虽然私人定制西装株式会社的面料上乘，但我没法想象这家公司制作的西装是否适合我。我认为私人定制西装株式会社在接待客户方面应该做得更细致一些。"

第二位客户：40—49岁的男性（个体工商户）

"我从事人寿保险销售工作，为了让客户有个好印象，我想买一套品质上乘的西装。我去私人定制西装株式会社的门店看了一下，明明不是全定制西装，售价为15万日元，我觉得价格太高了。我是在休息日去店里的，因为没有预约，被晾在一边等了很久。后来，我去了朋友推荐的全定制西装专卖店买了一套西装。那里的店员在接待我时态度十分友好，全程花了两个小时左右。"

第三位客户：39岁以下的男性（公司职员）

"我很瘦，因此根本没有适合我的成衣西装，这让我很烦恼。我想要买一套适合自己的西装，所以我现在在乙西装专卖店购买西装。只要去一趟门店，量一下尺寸，之后就能在网上购买西装，这真的很方便。我在工作日忙得团团转，周末还要带孩子，用这种省时省事的方式购买定制西装让我很愉快。"

信息⑤：竞争比较

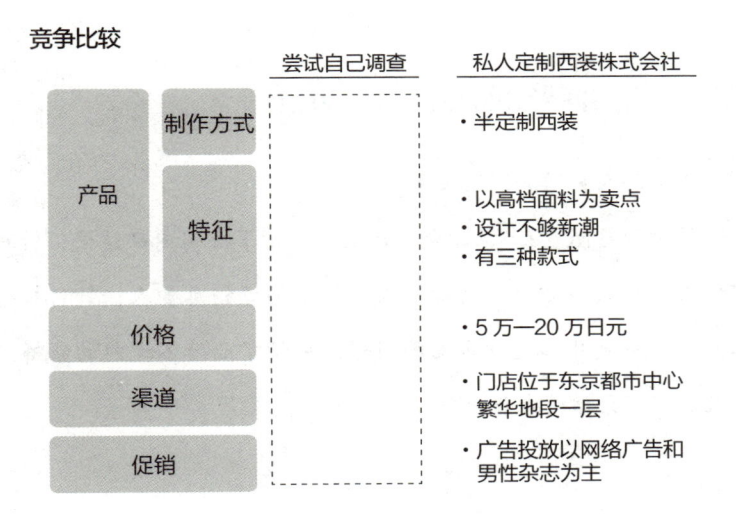

竞争比较

		尝试自己调查	私人定制西装株式会社
产品	制作方式		·半定制西装
	特征		·以高档面料为卖点 ·设计不够新潮 ·有三种款式
价格			·5万—20万日元
渠道			·门店位于东京都市中心繁华地段一层
促销			·广告投放以网络广告和男性杂志为主

虽然我们让经营企划部提供竞争比较信息，但信息收集工作尚未完成。关于竞争对手的信息，请各位读者务必试着自己调查一下现实存在的定制西装专卖店。

如果我们在网上搜索"定制西装"，就会看到大量店铺信息，走在街上也经常能看到"定制西装"的广告。我们可以去这些定制西装的门店看一下，试着将其与私人定制西装株式会社的门店做比较。

顺便提一句，因西装纸样制作方式不同，定制西装有三种制作方式：全定制西装、半定制西装、版型定制西装[①]。

为查明确定问题2的原因而收集信息

"预约人数增加，购买率却下滑了。"

针对确定问题2，经营企划部成员进行了公司内部访谈：针对预约及售后服务方面的问题，采访了市场营销负责人；针对接待客户、测量尺寸和交货方面的问题，采访了业绩不理想的新桥店店长。以下为访谈会议记录。

会议记录①：访谈市场营销负责人（问答形式）

经营企划部成员提问，市场营销负责人回答。

问：请说说你工作的目标与现状。

答：总经理要求我想方设法让预约人数增加。近来，预约人数迅速上涨，这让我觉得自己的工作做得不错。我去年还获得了"总经理奖"。

问：请说说你的团队结构及汇报关系。

[①] 版型定制西装是用现成的版型，按照顾客喜好的尺寸进行调整定制的西装。

第 4 章
第四步 提炼课题

答：我们团队有两个人。该部门在设立之初只有一个人，最近增加了一个人。我平时直接向总经理汇报，工作的阻力很小，比较容易开展工作。

问：你怎么看待业绩下滑这件事？
答：我觉得这件事情很难解决。我自己肯定要尽最大努力让预约人数增加，但我不知道其他业务环节究竟出现了什么问题。

问：你对店铺的销售方式有什么感想？
答：我负责网络营销，所以近期很少去店里。我也不太清楚店里发生了什么事。

问：你们做营销活动的方式有什么变化吗？
答：虽然我们做营销活动的变化不大，但网络广告的效果是显而易见的。我们每天都在努力改善，逐步提高投放广告的效果。

问：请说说你们招揽客户的方法及最近状况。
答：我们把预算的70%用于投放网络广告，而剩余部分主要用于投放杂志广告。我们会关注网络广告的点击率和每次预约的平均预期销售额,然后设法让这些数据不断提高。

问:你们在网络广告中使用了什么广告宣传语呢?每条内容得到的反响都有所不同吗?

答:迄今为止,我们使用了各式各样的宣传语。"最少只要59 000日元,你就能买到属于自己的高级面料西装"这类宣传语效果最好。在投放网络广告时,我们瞄准了初次购买定制西装的人群。2017年,新客户购买款式销售额占比分别是:欧式风格款式占21%、时尚款式占53%、独创款式占26%。我认为,新客户年龄段主要集中在30—39岁。

问:你们现在如何跟踪老客户?

答:我们一年两次向老客户投递直接邮递广告(Direct Mail advertising, DM),除此之外无所作为。我们没有针对老客户开展任何新的营销活动。

问:你认为老客户有什么特点?

答:有些客户会再次光顾,但我目前忙着提高预约人数,因此我没有认真研究老客户的特点。

问："降低到店客户数量，提升客户质量"，你如何看待这种想法？

答：你认为目前网络营销的实施方式存在问题吗？（生气）我不清楚现在的问题是什么，也不清楚怎样才能评估到店客户的质量。

会议记录②：访谈新桥店店长（问答形式）

问：请说说你工作的目标与现状。

答：今年是我成为新桥店店长的第三个年头。在这三年里，我一直为提升店铺的销售额而尽心竭力。我想如您所知，与去年同期相比，新桥店的销售额下降了 **90%** 左右，形势很严峻。

问：请说说你们团队的结构。

答：我任新桥店店长，还有一名副店长和三名店员，合计五人。员工经验和技能参差不齐。总之，我希望你帮忙跟总经理说一声，给店里增加一些人手。

问：你怎么看待业绩下滑这件事？

答：到店的客户一直在不断增加，但直到最近，我们店里才新增了一名店员，人手完全不够。不过，我觉得业绩下滑的责任在于我个人。

问：近期的销售工作有什么变化吗？

答：变化很大。预约的客户越来越多，我们都忙不过来了。因为我们店位于新桥这样的繁华地段，所以有很多未预约直接到店的客户，让我们每天忙得团团转。到了休息日，店里往往乱成了一锅粥。

问：你对市场营销方面的工作有什么感想吗？

答：说起对此的感想，那可就数不胜数了。做市场营销工作的那些人似乎是按照他们自己的想法做事情。过去，我们能不慌不忙地接待客户，真心要买西装的人会来找我们。但现在情况完全变了，很多年轻的客户到店咨询，虽然我对此感到很高兴，但其中仅有一部分人真心想买西装。

问：请说说店铺的销售流程。

答：本店销售的西装有三种款式，我们先询问客户喜欢哪种款式，之后将面料样品交给客户，供其选择。因为我们十分忙碌，所以我们只是陪着客户选好款式，然后就让客户自己选择西装面料。在客户选择面料时，我们就会看看是否能做些其他的事情。我们店目前的流程是让客户选择面料，再让他们选择自选项目，最后付款。

问：你对店员下达过什么指示？
答：我要求店员提高效率，快速完成销售工作。人挤人的忙碌时间大致固定在某一时间段。店员人数有限，客户一多就忙不过来了。因此，我们必须逐步缩短店员接待客户的平均时间。我对店员提出工作标准，要求他们把接待每位客户的时间控制在45分钟左右。

问：你们经常向客户推荐哪种款式的西装？
答：近来，我们店里常常给客户推荐时尚款式的西装。现在前来购买西装的客户大多是第一次购买定制西装。老实说，我们店里的独创款式显得老气，因此我们一般都给年轻的客户推荐时尚款式。在面对年轻客户时，我会让员工优先推荐时尚款式的西装，如果客户在面料选择时犹豫不决，就推荐藏青色的面料。我们很想细致地满足每位客户的需求，但藏青色的时尚款西装较容易卖出去。

问：预约人数增加了，临时爽约的情况是不是也随之多了起来？
答：临时爽约的情况是存在的，但我觉得和以前相比区别不大。我估计临时爽约的客户的比例在5%左右。

问：请说说测量尺寸所需的时间。
答：我们通常需要10到15分钟。全体员工都能顺利完成这项工作。

问：请说说交货前的流程。
答：交货前的流程大致需要四周。其中最麻烦的环节要数向工厂订货。我们必须手工填写订购单，并用传真发送给工厂，这真的很麻烦。当今时代还用传真机发送订单，我觉得这也太落后了。

从收集到的信息中，提炼本质性课题

我们收集到了很多信息，需要对这些信息进行归纳总结。

如果想要提炼本质性课题，我们便要将所有信息整合起来，而非将这些信息分开逐一理解。

在私人定制西装株式会社的案例里，出现了许多值得关注的问题，但我们不能像玩"打地鼠"那般，同时应对各种问题。对信息进行归纳总结并非指从海量信息中筛选出重要信息，而是将全部信息作为一个整体看待，归纳出需要重点关注的关键信息。

然而，在某些情况下，即使我们好不容易收集到了信息，也没法顺利地将其归纳总结起来。这是为什么呢？

把全部信息作为一个整体看待，从中发现关键信息，而不是一条条单独解释，有一个诀窍可以帮助我们做到这一点，那就是"归纳海量信息"的技巧。在解决问题的时候，我们要尽量用"投机取巧"的办法，以最少的资源产生最大的影响。我们要将全部信息看作一个整体，逐步弄清楚其中哪个部分的问题最严重。

第四种武器

归纳海量信息

"归纳海量信息"的技巧有三个要点。

要点①：课题中最糟糕的部分就是我们需要解决的问题。
要点②：有意识地使用框架，利用框架归纳信息。
要点③：在表达方式上下功夫。

要点① 课题中最糟糕的部分就是我们需要解决的问题

本质性课题是指持续引发问题的真实原因，是问题的根源，是最糟糕的部分。换言之，只要解决了这部分问题，我们就能收获累累硕果。如果能精确定位本质性课题，并将其提炼出来，我们就能明确自己该做什么。反之，如果无法顺利提炼出本质性课题，我们就会不清楚自己该在什么地方进行改善。

在存在多个导致问题发生的原因的情况下，影响范围最广的原因才是亟须解决的课题。如果在公司里寻找问题，那么我们往往会发现问题层出不穷。但我们的时间和精力都是有限的，我们应该找寻最糟糕的部分，而非试图解决所有问题。一般而言，对结果影响最大的原因应集中于某处。

本质性课题是指持续引发问题的真实原因。在存在多个导致问题发生的原因的情况下,影响范围最广的原因就是本质性课题。

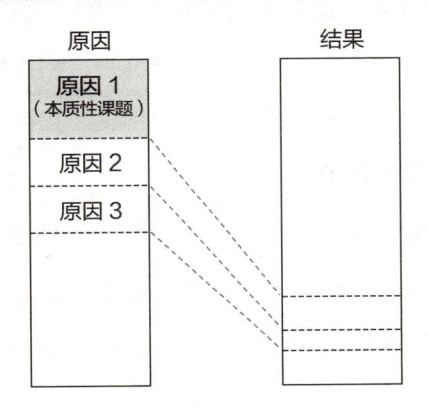

```
   原因              结果
┌─────────┐      ┌─────────┐
│ 原因 1   │      │         │
│(本质性课题)│      │         │
├─────────┤      │─────────│
│ 原因 2   │      │─────────│
├─────────┤      │─────────│
│ 原因 3   │      │         │
│         │      │         │
└─────────┘      └─────────┘
```

在这种情况下,我们要竭尽全力改正上图中原因1(本质性课题),才能真正解决问题。

或许有人会觉得,如果我们能在改正原因1后对原因2、原因3也进行改正,便可取得更好的效果。

但是,这么做取得的效果不如处理原因1后取得的效果那般显著。另外,与其追求完美的结果却因无法实施而胎死腹中,不如采取一些可以取得实际成果的措施。

因此,如上图所示,原因1造成的影响远远超过其他原因造成的影响,在这种情况下,我们应该先搁置对原因2、原因3的探讨,而倾注全力解决作为本质性课题的原因1。或许有人还是会很在意原因2、原因3，但我们要先集中精力，改正最糟糕的部分。

在提炼本质性课题时，我们要事先牢记一个法则——"80/20法则"。该法则指出，产生了大部分（约80%）结果的原因只占整体的一小部分（20%）。该法则又被称为"帕累托法则"。甚至可以说，这一法则是解决问题的主要前提。在探查何为问题起因时，我们要将这个法则牢记于心。

存在问题的部分集中在某个地方，我们要做的就是找到这个地方。如果能通过精确定位找出存在问题的部分，我们就能集中精力改正这个部分。

要点② 有意识地使用框架，利用框架归纳信息

我们应当如何归纳海量信息呢？我们需要有意识地使用框架，利用框架归纳信息。有很多不同种类的框架，其中最具代表性的就是3C分析法。3C分析法可以帮助我们从整体的角度理解商务活动。我们可以灵活运用3C分析法，在俯瞰全局的同时归纳信息。

通过正确运用3C分析法，我们可以将本质性课题归结为"竞争对手可以应对市场和客户的需求的变化，而本企业无法应对"。

3C分析法可用于观察这三个要素之间的关联性。该框架并非用于整理独立存在的三个要素，而是用于观察三个要素之间的关系，如面对市场和客户的需求，竞争对手如何应对，而本企业如何应对。出乎我意料的是，很多商务人士未能理解这三个要素的关联性。针对市场和客户需求的变化，我们要找出本企业与竞争对手能应对之处与不能应对之处。

三个要素也有先后顺序之分，先认识顺序再做归纳

如上文所说，3C分析法可用于观察三个"C"之间关系的框架。为了更好地把握三者之间的关系，我建议各位读者注意三个"C"的先后顺序。

本质性课题可归结为"竞争对手可以应对市场和客户的需求的变化，而本企业无法应对"。

市场和客户始终是我们思考的出发点。因此在归纳总结时，我们要把市场和客户放在首位。认识到市场和客户需要什么，这就是我们的出发点。其次是竞争对手，我们要观察竞争对手如何应对市场和客户的需求。最后才是本企业。换言之：

- 首先，市场和客户。市场如何变化？客户需要什么？
- 其次，竞争对手。面对市场和客户的需求的变化，竞争对

手采取了什么应对措施?

・最后，本企业。面对市场和客户的需求的变化，相较于竞争对手，本企业能够如何应对？

3C分析法的流程便是市场和客户→竞争对手→本企业。如果能按照这一顺序归纳信息，我们便能顺利归纳事关整体业务的课题。我们可以综合利用大量收集到的信息，同时将其归纳起来。如上所述，在使用3C分析法归纳信息时，关键在于认识信息的先后顺序。此外，当你熟练使用3C分析法后，你可以按基本顺序归纳信息，也可以通过改变归纳信息的顺序来改变他人看到信息的感受。

归纳确定问题 1 的信息的表格

本质性课题是……

确定问题 1 独创款式西装占比下滑，平均售价下滑	市场和客户	竞争对手	本企业

归纳确定问题 2 的信息的表格

```
本质性课题是……
```

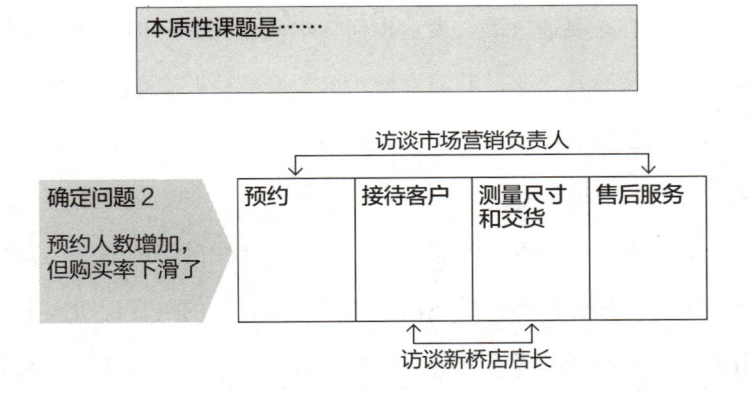

```
              访谈市场营销负责人
         ┌──────────────────────┐
确定问题2  │预约│接待客户│测量尺寸│售后服务│
预约人数增加，            │和交货 │
但购买率下滑了
                    访谈新桥店店长
```

在归纳信息时，我们最好能够结合自身状况，创建归纳表格。如上图所示，我们可以写出确定的问题，并在其右侧按照归纳信息的框架设计模板，之后将问题的相关信息填入其中，在此基础上提炼本质性课题。让我们试着自己设计归纳信息的表格，同时归纳信息。

在私人定制西装株式会社的案例里，我们确定了两个问题。

归纳确定问题1的信息的表格参考3C分析法把信息分为三类，归纳信息。

归纳确定问题2的信息的表格，按照预约→接待客户→测量尺寸和交货→售后服务的销售流程对信息进行分类，这是符合MECE原则的。

要点③ 在表达方式上下功夫

虽说有必要通过语言表达出何为本质性课题，但一般很难用语言顺畅地表达出来。我将在此为各位介绍一些案例，让我们一起看看无法顺利归纳的情况具体如何。大家可以一边思考恰当的纠正方式，一边学习。

我觉得这是一种非常好的学习方式。在我的培训课上，我会特意介绍一些做得不好的案例。尽量通过自己的语言说明该案例存在什么问题是非常重要的。如果我们只是觉得存在问题但说不出具体问题，那就意味着我们并没有真正弄清楚问题所在。当你能正确将心中所想的内容表达出来，你才能说自己已经拥有了提炼本质性课题的能力。

那么，就让我们通过私人定制西装株式会社的案例进行深入思考。

请大家看一下：下面介绍的四个案例是本质性课题吗？

案例1 本质性课题：知名连锁企业把分店开在自家门店附近

这个说法能被称为本质性课题吗？案例报告中描述的本质性课题是：实力强劲的竞争对手把分店开在自家门店附近。这样的描述仅考虑了竞争对手一个要素。这只是以存在实力强大的竞争对手为托词，为自己没有取得理想的成果推卸责任。

如果我们认为本质性课题是"竞争对手实力强大"，那么唯一的解决办法就是打败竞争对手。但本企业进行商业运营并非与竞争对手交战。我们需要考虑的不是竞争对手与本企业之间的竞争，而是市场和客户、竞争对手、本企业三者的关系。

通过观察上述三个"C"的关系，我们可以理解本质性课题。我们需要以市场和客户为起点考虑问题，思考竞争对手能在多大程度上满足市场和客户的各种需求，而本企业又能在多大程度上满足这些需求。

如上所述，我们通过使用3C分析法就可以逐步看到本企业在面对市场和客户时哪些方面做得好、哪些方面做得不好。做得不好的地方便是本质性课题。

在实际解决问题的时候，我们可能会只想着竞争对手而忘记了其他因素。但是，如果我们只知道调查竞争对手的话，就会忽略从整体的角度考虑问题。

案例2 本质性课题：市场环境恶劣

你是不是一看到这个说法就觉得其肯定不对呢？如果亟须解决的本质性课题是本企业参与竞争的市场环境恶劣，那唯一的解决方法是本企业改变经营方向，向其他市场进军。另外，提出这个说法的人认为问题不是自己（本企业）造成的，而是其他因素造成的。

如果你是企业经营者的话，你是可以选择掉转船头进军其他市场的。但如果你是部门负责人，受众人期待，想将业务发展壮大，那你就只能想办法克服困难，哀叹市场状况恶劣也无济于事。市场状况可能会往坏的方向发展，但我们必须思考身处恶劣的市场中，自己应该做些什么。

市场的状况每天都在发生变化，其规模、质量每天也在发生变化。然而，虽然市场在不断发生变化，但我们也不能因此断言亟须解决的课题是市场环境恶劣。这种观点未免过于狭隘了。市场和客户发生了变化，竞争对手积极应对变化，本企业却无法适应变化，这难道不是亟须解决的课题吗？

我们必须调查清楚市场和客户具体发生了什么变化，竞争对手是如何应对这种变化的。我们还要弄清楚，本企业在应对这种变化的时候哪些事情做得对、哪些事情做得不对。只有有意识地总结三个"C"的关系，并利用这种关系归纳信息，我们才能明确本质性课题。

案例3 本质性课题：员工缺乏干劲

这个说法仅描述本企业的情况。各位读者也许经常可以看见公司内部报告上写着"解决本企业力所不能及的问题是本质性课题"。本企业未能完成的该做的事情就会被当作课题对待。是否真的应该如此呢？

请各位读者回想一下：我们特地收集市场和客户、竞争对手的信息的目的是什么？市场和客户是企业经营工作的起点。虽然我们很在意本企业的弊病和力所不能及之事，但只有当某件事给客户带去了负面影响，我们才能说这件事是需要解决的问题。我们可以根据三个"C"的关系提炼出亟须解决的本质性课题。

此外，如果员工干劲十足，问题是否就能解决了？事情真的如此简单吗？

不是员工缺乏干劲导致业绩不佳，而是业绩不佳导致员工没有干劲。我们需要注意是否颠倒了因果关系。尤其是碰上本企业未能完成该做的事情的时候，问题就会被放大，我们也许想为此辩解，说那是本质性课题。对此，我们必须慎重考虑。

案例4 本质性课题：缺乏高收益的产品

这个说法认为本企业缺乏高收益的产品，这是亟须解决的本质性课题。

因为本企业缺乏人气旺、收益高的产品，所以有人认为生产出人气旺、收益高的产品是本质性课题。我认为，这种说法太肤浅了。

这样归纳总结的话，如果我们想要解决问题，那就需要生产出人气旺、收益高的产品。这种结论完全没有任何指导意义，根本没有说清楚要面对什么市场，针对哪些客户生产什么样的人气旺、收益高的产品。

我们必须具体想明白，要抱着怎样的目的生产所谓的人气旺、收益高的产品。如果我们将结论定为缺乏人气旺、收益高的产品的话，那么这种说法是谁都无法否定的。但这种说法毫无意义，看似说了些什么，实则完全没有可以具体讨论的内容。

我们可以通过上述四个案例看出，提炼本质性课题的关键在于综合考虑大量信息，从中发现对结果影响最大的内容，并归纳总结问题。而非将每条信息原封不动地作为课题提炼出来。

第四步（提炼课题）私人定制西装株式会社篇

接下来，我们就要从收集到的信息中提炼本质性课题。如果我们能够灵活运用框架整理收集到的信息，就能逐渐辨明什么才是本质性课题。

如第137页归纳确定问题1的信息的表格所示，我们可以通过3C分析法明确存在的问题。请把先前收集到的信息填入框架，尝试归纳出本质性课题。另外，虽然在此前为查明确定问题1的原因而收集的信息中缺少关于竞争对手的信息，但此次归纳总结的前提是已调查了关于竞争对手的信息，因此表格中直接填入了相关信息。各位读者可以自己尝试收集相关信息再进行归纳比较。

归纳出的本质性课题为："独创款式西装占比下滑，平均售价下滑"的原因是，独创款式西装在价格为10万—20万日元的细分市场上无法战胜细致应对客户要求的全定制西装店；网络营销活动使门店客流量增加，其中的主力军为30—39岁年龄段的客户，时尚款式西装更符合他们的审美标准。

我们也归纳了确定问题2的信息的表格，本质性课题为："预约人数增加，但购买率下滑"的原因是，虽然通过加强网络营销让大量新顾客预约到店，但店铺未能细心接待每位客户；本企业也没有能够吸引30—39岁年龄段的客户的西装款式。

如上所述，我们归纳已确定问题的原因，并找出了本质性课题。我们还要接着归纳私人定制西装株式会社存在的本质性课题。

归纳确定问题 1 的信息的表格

> **"独创款式西装占比下滑，平均售价下滑"的原因是：**
> 独创款式西装在价格为 10 万—20 万日元的细分市场上无法战胜细致应对客户要求的全定制西装店；网络营销活动使门店客流量增加，其中的主力军为 30—39 岁年龄段的客户，时尚款式西装更符合他们的审美标准

试着填入已知事实

确定的问题	市场和客户	竞争对手	本企业
什么原因导致独创款式西装占比下滑，平均售价下滑？	• 市场规模在几年前曾持续增长，但近几年几乎没有增长了 • 20—39 岁的客户开始购买定制西装，他们想买到既便宜又时尚的西装 • 40 岁以上的客户想买到适合自己的高级西装	• 近几年，很多公司都进入了定制西装领域 • 甲定制西装提供时尚款式的西装 • 有很多公司提供全定制西装 • 20 万日元左右就能买到全定制西装，而且能享受周到的接待	• 提供半定制西装 • 委托知名设计师设计独创款式西装，售价 10 万—20 万日元，但年轻人认为独创款式显得老气，因而不认可 • 其他款式西装 5 万日元起步 • 以高档面料为卖点 • 新客户以 30 多岁的人为主，50% 以上选择时尚款式

归纳确定问题 2 的信息的表格

"预约人数增加，但购买率下滑"的原因是：

虽然通过加强网络营销让大量新顾客预约到店，但店铺未能细心接待每位客户；本企业也没有能够吸引 30—39 岁年龄段的客户的西装款式

确定的问题	预约	接待客户	测量尺寸和交货	售后服务
什么原因导致"预约人数增加，但购买率下滑"？	・以网络广告为主 ・以新客户为目标，想方设法增加新客户数量 ・预约客人多数为初次购买定制西装的人 ・新客户年龄段主要集中在30—39岁	・尽量缩短接待客户的时间，以应对不断增加的客户 ・先让客户自己选择面料 ・优先推荐客户选择藏青色，在款式里选择时尚款 ・30多岁的新客户认为独创款式显得老气	・测量尺寸需要10—15分钟 ・全体员工都会测量尺寸	・一年两次给老客户发送DM，没有其他措施 ・即使是老客户，也不确定是否会由之前接待他的店员负责

提炼私人定制西装株式会社存在的本质性课题

私人定制西装株式会社存在的本质性课题是：
在市场竞争日益激烈的情况下，除了面料以外，自身没有具备优势的差异化要素；在高价细分市场无法战胜全定制西装店；门店的接待能力未能随市场营销投入加大而提升，导致门店的销售额下降

试着填入已知事实

确定的问题：什么原因导致「独创款式西装」占比下滑，平均售价下滑？

市场和客户	竞争对手	本企业
• 市场规模在几年前曾持续增长，但近几年几乎没有增长了 • 20—39 岁的客户开始购买定制西装，他们想买到既便宜又时尚的西装 • 40 岁以上的客户想买到适合自己的高级西装	• 近几年，很多公司都进入了定制西装领域 • 甲定制西装提供时尚款式的西装 • 有很多公司提供全定制西装 • 20 万日元左右就能买到全定制西装，而且能享受周到的接待	• 提供半定制西装 • 委托知名设计师设计独创款式西装，售价 10 万—20 万日元，但年轻人认为独创款式显得老气，因而不认可 • 其他款式西装 5 万日元起步 • 以高档面料为卖点 • 新客户以 30 多岁的人为主，50% 以上选择时尚款式

确定的问题：什么原因导致「预约人数」增加，但购买率下滑？

预约	接待客户	测量尺寸和交货	售后服务
• 以网络广告为主 • 以新客户为目标，想方设法增加新客户数量 • 预约客人多数为初次购买定制西装的人 • 新客户年龄段主要集中在 30—39 岁	• 尽量缩短接待客户的时间，以应对不断增加的客户 • 先让客户自己选择面料 • 优先推荐客户选择藏青色，在款式里选择时尚款 • 30 多岁的新客户认为独创款式显得老气	• 测量尺寸需要 10—15 分钟 • 全体员工都会测量尺寸	• 一年两次给老客户发送 DM，没有其他措施 • 即使是老客户，也不确定是否会由之前接待他的店员负责

第4章
第四步 提炼课题

　　私人定制西装株式会社的本质性课题是：在市场竞争日益激烈的情况下，除了面料以外，自身没有具备优势的差异化要素；在高价细分市场无法战胜全定制西装店；门店的接待能力未能随市场营销投入加大而提升，导致门店的销售额下降。

　　至此，在第四步，我们从收集到的信息中归纳出本质性课题。但私人定制西装株式会社的本质性课题与公司整体情况息息相关。因此，我们将在第五步思考公司应从何处开始改变。第四步提炼课题与第五步确定解决方案的方向是紧密相关的。

第5章

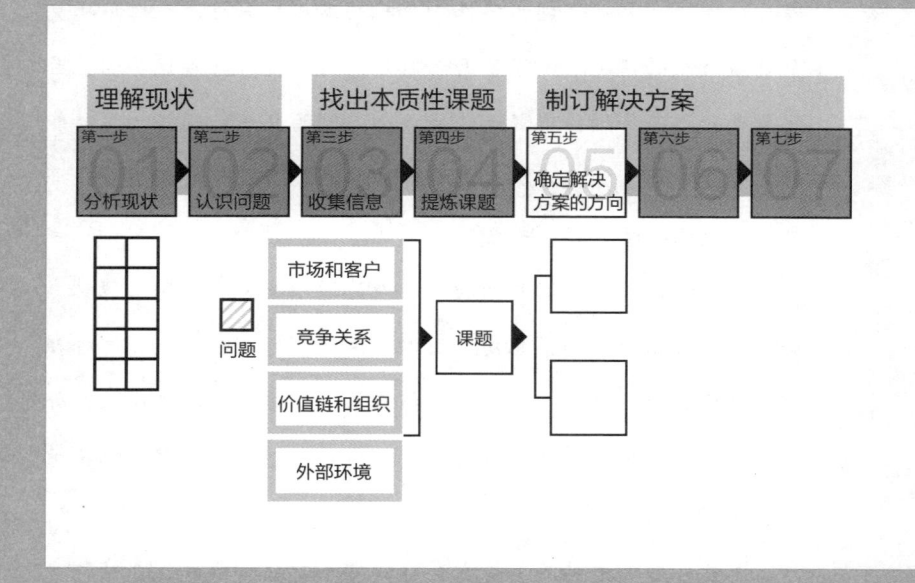

理解现状		找出本质性课题		制订解决方案		
第一步	第二步	第三步	第四步	第五步	第六步	第七步
分析现状	认识问题	收集信息	提炼课题	确定解决方案的方向		

- 问题
- 市场和客户
- 竞争关系
- 价值链和组织
- 外部环境
- 课题

第五步
确定解决方案的方向

在第四步中，我们明确了私人定制西装株式会社目前存在的本质性课题。私人定制西装株式会社的本质性课题是：在市场竞争日益激烈的情况下，除了面料以外，自身没有具备优势的差异化要素；在高价细分市场无法战胜全定制西装店；门店的接待能力未能随市场营销投入加大而提升，导致门店的销售额下降。那么，这一课题该如何解决呢？

在第四步中，我们归纳的本质性课题涉及私人定制西装株式会社的方方面面。如果想要解决这个课题，那么我们就要选择在哪个部分做出改变。因此，我们将在第五步中，先思考应从何处开始改变，然后制定解决问题的基本方针，选择从课题的哪个方面着手解决。

要改变私人定制西装株式会社的哪个部分，才能让业绩恢复增长呢？

第 5 章
第五步 确定解决方案的方向

在思考创意之前，先确定解决方案的方向

确定解决方案的方向指的是"制定基本方针，明确从何处开始改变"。

在构思基本方针之前，我们要先思考从哪个部分开始改变，如果能成功做到这一点，我们就能感受到思考的乐趣。我还要准备好理由，证明改变这个部分就能解决问题。

企业经营得顺利不是没有原因的，一定有其被客户继续选择的理由。反过来说，企业经营得不顺利也不是没有原因的。想要解决问题，我们也需要准备能够证明自己制订的解决方案可以顺利执行的理由。

比起想出很多创意，我们更应当先深入思考解决方案的方向。但大家经常会忽略这一步，一旦灵感乍现，马上将其记在便笺纸上。这种一闪而过的灵感是否真的能起到作用呢？我们很难证明。在思考创意之前，我们要证明自己提出的方案能够解决问题，这十分关键。

在解决整体业务问题时，我们一定要准备充分的理由证明自己提出的解决方案可以帮助企业在激烈的竞争中赢得胜利，这是至关重要的。因此，战略理论可以发挥巨大的作用，帮助我们准备有说服力的理由。在第五步中，我们将会思考以下三点：

- 改变公司的哪个部分？

（从部门负责人的视角观察，该改变什么？）

- 你希望如何改变它？

（基本方针是什么？）

- 为何说改变了这部分以后，企业的经营情况将会变得顺利？

（以哪种战略理论为基础？）

了解战略理论整体情况的重要性

我们应该基于什么战略理论来思考解决事关本企业经营的课题呢？如果我们有自己的看家本领，那么我们自然希望使用看家本领，但我们也许不清楚自己的看家本领是否适合解决眼前的课题。

为了探讨使用哪种工具最合适，我们需要先知道自己有什么工具，了解其具体情况。通过了解战略理论的整体情况，我们就可以知道应该使用哪种战略理论处理眼前的问题。

在第五步中，我们将会掌握战略理论的整体情况。通过了解战略理论的整体情况，我们可以更为深入地理解到底什么才是"解决问题"。

如果我们没有掌握战略理论的整体情况，那么我们想出来的

第 5 章
第五步 确定解决方案的方向

解决方案永远都只是权宜之计。

现在，市场上有很多关于战略的图书。我感觉，其中多数都是关于特定战略理论的详细介绍，仅有少数介绍战略理论的整体情况。许多图书名为《××战略入门》，如果你只想学习特定主题的话，那么这些图书就可以派上大用场了。

此外，无论书中的战略理论多么出色，在解决我们实际面对的商务方面的课题时，该理论也未必非常适用。正因如此，我们应该在掌握战略理论整体情况的基础上思考应当如何解决问题。

客户为何选择本企业，而不选择竞争对手？为何实施这个解决方案就能盈利？在思考创意前，我们要先思考确定解决方案的方向，证明解决方案的可行性。解决方案之所以能应对本质性课题，是因为其有理由证明自身的可行性。

第五种武器

四大战略理论

我们下面来学习四大战略理论，以此了解战略的整体情况。

虽然这四大战略理论并没有囊括所有战略，但在解决企业存在的问题方面是特别有效的。这也是让客户抛弃竞争对手，转而选择本企业的产品和服务的方法论。

当然，这并非意味着企业要想在竞争中取胜就非得选择四大战略。此外，企业有时也可以综合运用到多种战略理论。

成本领先战略

市场占有率最高的企业利用规模优势，以低廉的价格提供高品质的产品和服务。

差异化战略

企业为满足特定细分市场的客户需求而加强企业价值链。

客户锁定战略

企业设法吸引客户，使其不断购买本企业的产品和服务。

解题战略

企业加强组织与人力资源，提升满足客户需要的应对能力。

接下来，我将为各位读者逐一介绍四大战略的要点。

1. 成本领先战略

第一个战略是成本领先战略。这是指市场占有率最高的企业利用自身的规模优势，以低廉的价格提供高品质的产品和服务，从而赢得客户的青睐。人们常说商场如战场，无论是市场竞争还是战争，往往是规模大的一方实力强。比如企业拥有先进的大规模生产设施，因而可以较好地控制成本，提供物美价廉的产品和服务。

我接下来将运用"部门负责人的视角"，为各位读者介绍成本领先战略的要点。通过使用同一个框架，我们就可以从整体的角度理解商业活动。

要点① 瞄准所有细分市场

成本领先战略是一种充分利用规模优势的战略，旨在让尽可能多的客户购买本企业提供的产品和服务。换言之，采用成本领先战略的企业瞄准由消费群体组成的每一个细分市场，试图让所有细分市场的消费者都购买本企业的产品和服务。

要点② 高质量×低价格

第二点与客户需求有关。想要让尽可能多的客户购买本企业的产品和服务，企业就需要提供让大多数客户都满意的产品和服务。为了让大多数客户满意，企业需将目标定为以便宜的价格出售高质量的产品和服务。在正常情况下，没有人会拒绝用便宜的价格买到高质量的产品和服务。此外，严格来讲，成本领先战略并不包括产品质量高，但事实上，大多数行业龙头企业的目标是兼顾低成本和高质量，因此才会有这样的表述。

要点③ 通过大规模生产，实现低成本

第三点与价值链息息相关。企业要强化价值链，以向更多客户提供令其满意的产品和服务。企业需要扩大生产规模，以实现低成本。

从商业经验法则来看，企业的生产规模越大成本就越低。企业通过管理和运营大型生产设施和设备，就能以其他公司无法实

现的低成本提供高质量的产品和服务。

在商业上，有一种观点认为，企业规模大小决定实力强弱。规模大的企业之所以强大，其理由建立在下列经验法则上。

规模经济：企业的生产规模越大，单位成本就越低。

范围经济：企业进行业务多元化发展，可摊薄多种产品或业务的成本。

密度经济：企业在特定区域集中开展业务，可以提高效率。

成本领先战略
市场占有率最高的企业利用自身规模优势，以低廉的价格提供高质量的产品和服务

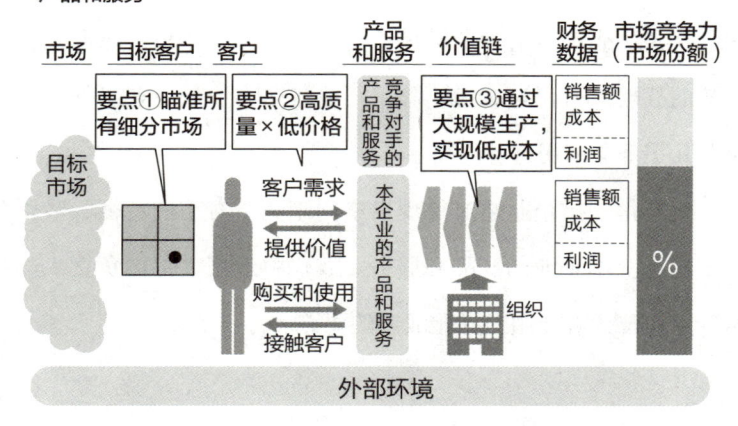

市场	目标客户	客户	产品和服务	价值链	财务数据	市场竞争力（市场份额）
目标市场	要点①瞄准所有细分市场	要点②高质量×低价格	竞争对手的产品和服务／本企业的产品和服务	要点③通过大规模生产，实现低成本／组织	销售额／成本／利润；销售额／成本／利润	%

外部环境

如上所述，扩大规模有利于开展业务。举个例子，假设你经营一家快餐店，相较于每天仅制作30份快餐，每天制作100份快餐就

能以更便宜的价格提供品质优良的快餐。此外,与仅经营一间店铺相比,如果你经营多家店铺,就能以更低的价格采购原材料。在配送快餐时,餐饮企业的规模越大运营效率也就越高。如果你在经营快餐店的同时,还经营着其他餐饮店,便可进一步降低原材料成本。

企业规模越大就越有可能以便宜的价格提供高质量的产品和服务,以此吸引客户购买。这就是成本领先战略。

2. 差异化战略

差异化战略是指为了满足特定细分市场的客户需求而强化价值链的战略。可以这么说,除了行业排名第一的企业以外,其他企业几乎都会采用这种战略。

差异化是指企业通过展现出不同于竞争对手的特征,吸引部分客户选择本企业的产品和服务。我仍将运用"部门负责人的视角"为各位读者介绍差异化战略的要点。

要点① 瞄准特定细分市场

采用成本领先战略的企业的目标为整个市场。采用差异化战略的企业并不以整个市场为目标，而是以特定的细分市场为目标。细分市场指拥有相同需求的消费群体。采用差异化战略的企业仅为有特定需求的客户提供产品和服务，因此需要具备能够吸引该细分市场客户的特点。

要点② 迎合特定需求

采用差异化战略的企业只需瞄准特定的细分市场，专门针对该细分市场的需求推出产品和服务。大多数企业不需要满足所有客户的需求，只要满足部分客户的需求即可。即便企业提供的产品和服务无法满足自身瞄准的细分市场以外的客户需求也没关系，只要能够满足企业自身瞄准的细分市场的客户需求，企业就有发展的基础了。

要点③ 加强KFS，以满足客户需求

如前文所述，KFS是价值链流程中的一环，对满足客户需求有着至关重要的作用。差异化战略旨在满足特定细分市场的客户需求，因此企业可以针对客户需求只强化价值链的一部分环节。通过强化价值链的一部分环节，企业就能具备竞争对手没有的特

点，从而吸引客户选择本企业的产品和服务。

差异化战略
为了满足特定细分市场的客户需求，强化价值链

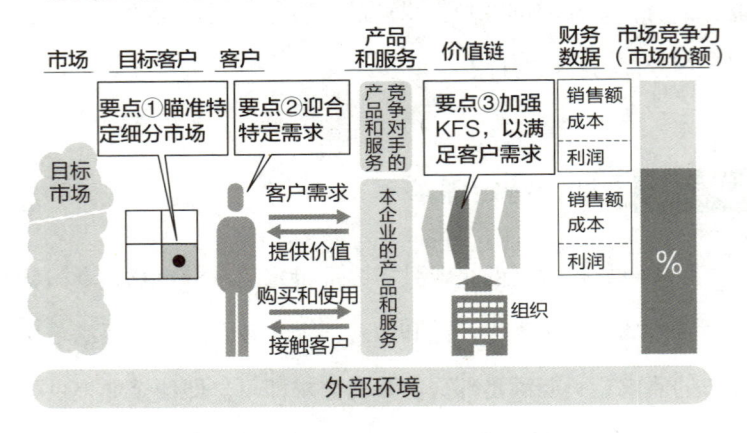

```
市场          目标客户   客户              产品   价值链    财务    市场竞争力
                                         和服务          数据   （市场份额）

              要点①瞄准特  要点②迎合                 要点③加强   销售额
              定细分市场   特定需求                  KFS，以满   成本
目标                    客户需求                  足客户需求   利润
市场                    提供价值                            销售额
                                                          成本      ％
                       购买和使用                            利润
                       接触客户                     组织

                              外部环境
```

3. 客户锁定战略

随着数字化技术不断发展，渠道的重要性也不断提升。客户锁定战略是一种关注渠道的战略。无论企业的产品和服务的吸引力有多强，如果企业不重视渠道建设，就无法向客户提供产品和服务。

客户锁定战略指企业关注客户购买产品和服务的渠道，通过全面"包围"客户，吸引客户购买企业的产品和服务，并让其持续购买企业的产品和服务的战略。企业要创造理由，让客户愿意持续购买或是不得不持续购买企业的产品和服务，这就是客户锁

定战略。

要点① 提供持续购买的理由

大家是否有在不知不觉中购买产品和服务的经历呢？这是因为被锁定的是你，而非产品和服务的内容或种类。

我们以便利店为例，请各位读者思考一下：自己会选择哪家便利店呢？可以说，当你因某种理由选择了某家便利店时，你就已经被锁定了。

- 因为近在咫尺，所以自己不知不觉就会光顾。
- 因店员笑容灿烂而选择光顾。
- 有会员卡，因此光顾那家店。
- 可以和其他企业的积分通用，因此光顾。

再如企业使用了某个管理信息系统，就有以下持续购买相应服务的理由。

- 一旦开始使用某个管理信息系统，就会因习惯而不愿更换系统。
- 现在使用的系统可以根据使用情况，灵活变更计划。

可以说，上述理由都能够紧紧锁定客户。企业应加强对渠道的控制力度，而非紧紧抓住产品和服务。

| 要点② | **构建吸引客户的机制** |

如果企业能打造一种机制使客户不知不觉购买或是因各种理由而选择购买本企业的产品和服务,就能让客户毫不犹豫地抛弃竞争对手,持续购买本企业的产品和服务。

企业可以获取客户信息,与客户直接联系。通过掌握本企业与客户的接触点,本企业锁定客户的可能性也会随之提高。如果能做到这一点,本企业就能朝着好的方向不断发展。

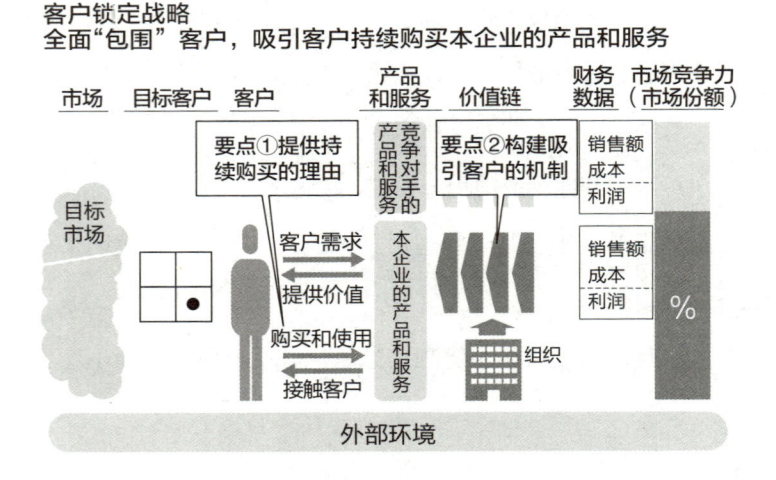

客户锁定战略
全面"包围"客户,吸引客户持续购买本企业的产品和服务

| 市场 | 目标客户 | 客户 | 产品和服务 | 价值链 | 财务数据 | 市场竞争力(市场份额) |

要点①提供持续购买的理由

要点②构建吸引客户的机制

客户需求
提供价值
购买和使用
接触客户

销售额 成本 利润

销售额 成本 利润

目标市场

竞争对手的产品和服务

本企业的产品和服务

组织

%

外部环境

4. 解题战略

相较于此前介绍的三种战略，解题战略略有不同。在面向企业客户的业务中，解题战略是一种非常重要的战略。

当开展面向企业客户的业务时，我们应深入了解企业客户的要求，在此基础上为企业客户量身打造产品和服务，并提出建议，以此满足客户的要求。为了满足企业客户的要求，我们要拟订提案，而非包装产品和服务。在企业客户刚开始咨询业务合作条件的时候，我们就要采用解题战略。

要点① 建立深度合作关系

对于企业来说，最为重要的是吸引客户前来咨询业务。如果企业无法吸引客户前来咨询，就不会存在业务合作。客户实际咨询业务的对象是有限的，如果企业不在客户咨询业务的名单内，企业就无法与客户进行合作。

比如人事部负责人在准备培训项目时，实际咨询的公司一般为两三家。因此企业必须先与客户建立深度合作关系，才能吸引客户前来咨询。

如果企业和客户此前合作得比较好，那么客户极有可能会主动上门找企业咨询业务，但是如果企业想要吸引没有业务往来的客户前来咨询，那么企业就必须主动出击。

采用解题战略的企业平时就要向客户提供信息，告知客户本企业取得的实际成果与想法，与对方的采购决策者建立联系。如果本企业能够吸引采购决策者的目光，就能令对方想了解本企业的具体方案和建议。

在采用解题战略时，企业要找出对方的采购决策者，并与其建立深度合作关系，让对方想找本企业咨询业务，这是至关重要的。

要点② 拥有能够满足客户需求的价值链

一旦客户前来咨询业务，那么企业必须及时回应。为做到这一点，企业要在平时强化价值链，以便能够及时应对客户的需求。这并不是为了应对客户当前提出的需求，而是为了应对客户三年、五年后的需求。为此，我们必须从现在开始强化价值链，提前做好准备。

如果企业因为目前业绩不错而麻痹大意的话，那么在三年、五年后，企业的业务量就可能会锐减。企业要兼顾现在的业务和未来的业务，保持平衡，这非常重要。做好眼前事，展望未来，强化价值链的重要环节。

第 5 章
第五步 确定解决方案的方向

要点③ 具备能够满足客户需求的技术和能力

企业在明确了需要强化价值链的重要环节后，就需要强化负责价值链的组织和人才，还必须加强相关的技术和能力。为了灵活满足客户的需求，企业可能还需要改变自身的企业文化。

为了满足客户三年、五年后的需求，企业应从现在开始加强组织和人才建设。

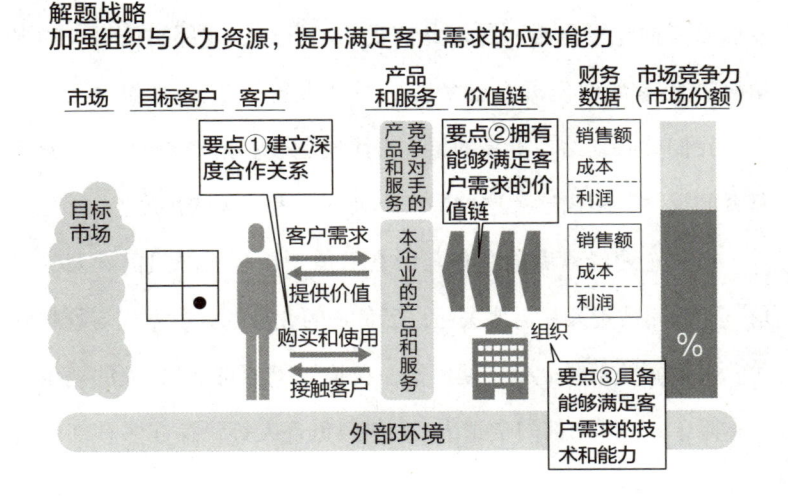

解题战略
加强组织与人力资源，提升满足客户需求的应对能力

| 市场 | 目标客户 | 客户 | 产品和服务 | 价值链 | 财务数据 | 市场竞争力（市场份额） |

要点①建立深度合作关系

要点②拥有能够满足客户需求的价值链

要点③具备能够满足客户需求的技术和能力

销售额 成本 利润

外部环境

至此，我已经为各位读者介绍了四种战略理论。我还想进一步介绍一下，除这四种战略理论以外，还可以从哪些方向考虑解决方案。我特别想给各位读者介绍"企业经营者的视角"，我们

可以站在高于先前介绍过的"部门负责人的视角"看待问题。

本书主要介绍关于单一业务问题的解决方案，但是我们可以站在"企业经营者的视角"对解决方案的方向进行有效探讨，因此本书也会介绍这方面的内容。

"企业经营者的视角"是什么？

顾名思义，"企业经营者的视角"是一种全局思维，站在企业经营者的立场思考问题。此前我们一直运用"部门负责人的视角"，思考如何发展自己负责的具体业务。当成为企业经营者后，我们就必须站在更高的层次考虑问题了。第159页的"企业经营者的视角"图描述了这种层次更高的思考问题的角度。

在"企业经营者的视角"图右下角，还有"部门负责人的视角"，部门负责人只需要关注自己负责的业务的竞争方式与盈利方式。因篇幅关系，此处不便展开，仅描绘了A部门负责人的视角，可实际上，还有B部门负责人、C部门负责人等，存在多种部门负责人的视角。

如果我们站在企业经营者的视角来看企业的整体情况，就不能仅着眼于单一业务。企业在做大做强后，往往会出现多项业务齐头并进的情况。一旦成为企业经营者，我们就必须考虑如何保持多项业务均衡发展。这种均衡发展的核心就是"业务组合"。

在理想情况下,我们肯定希望所有业务板块都有所增长,可企业的人力、物力、财力等资源是有限的,企业经营者需要决定将这些有限的资源向某项业务倾斜,或逐步退出某项业务。因此,如果我们站在企业经营者的视角,那就必须思考如何让多项业务均衡发展。

企业经营者的视角

【企业价值(股价)】

【业务组合】
市场增长率 / 市场占有率
D 业务、B 业务、C 业务、A 业务

【资产负债表】
资产 / 负债 / 所有者权益 / 未分配利润

银行 — 企业债权人
企业所有者

【A 部门负责人的视角】

上图右侧主要描绘了企业的财务状况,即"资产负债表"。企业经营者需要考虑从何处筹措资金、投资哪些项目和如何通过并购获取新资源。

企业经营者要在充分考虑企业财务状况的前提下,考虑如何分配企业获取的经营资源，思考业务组合未来的存在方式。通过均衡发展各项业务，位于左上角的企业价值可以逐步提高，进而促进股价上涨。

如果我们能站在"企业经营者的视角"探讨问题解决方案的方向，就能以站位更高的视角思考解决方案。我们在探讨具体业务的竞争策略时也可以用这种方法。

接下来，我就为各位读者简单介绍一下企业战略的整体情况。当站在企业经营者的视角时，我们可以从哪些方向考虑解决方案呢？

企业战略的整体情况

站在"企业经营者的视角"上，我们大致可以从四个方向考虑具体的解决方案。

充分利用经营资源

企业经营者先要考虑的就是如何充分利用经营资源，决定将企业的资源投入哪项业务。

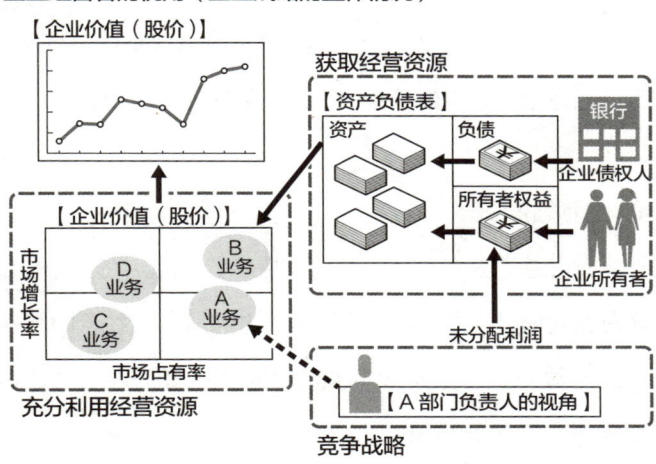

企业经营者的视角（企业战略的整体情况）

【企业价值（股价）】

获取经营资源
【资产负债表】
资产　负债　　银行
　　　所有者权益　企业债权人
　　　　　　　　企业所有者

【企业价值（股价）】
市场增长率
D业务　B业务
C业务　A业务
市场占有率

充分利用经营资源

未分配利润

【A部门负责人的视角】

竞争战略

在思考如何充分利用经营资源时，有一种非常重要的思维方法——选择与集中。企业很难专注于每一项业务，因此必然要重点发展某些业务、放弃某些业务。

如果我们站在部门负责人的视角来看，那么专注思考如何发展自己负责的业务就可以了。但如果我们站在企业经营者的视角来看，那么仅专注思考自己负责的业务就行不通了。企业经营者要把有限的资源投入未来有发展希望的业务中，如果某项业务的前景暗淡的话，企业经营者就应尽量减少投入的资源。

如果企业现有的业务增长速度过低，那么企业经营者就必须开拓新的业务领域，带领企业实现增长。在这种情况下，企业经营者要选择是开发新产品还是进入新的业务领域，或是双管齐下，然后投入资源开展业务。企业经营者要先选择企业参与竞争的领域，然后思考投入多少经营资源，以及如何充分运用这些资源。

获取经营资源

企业经营者接着要考虑的是如何获取经营资源。在充分利用经营资源之前，我们必须先获取经营资源，并将其作为经营的基础。

在经营资源中，资金是最重要的。企业在开展经营活动时，往往需要想方设法筹措资金。企业可以从银行等金融机构贷款，也可以从股东那里筹措资金。

并购也是企业获取经营资源的方法之一。企业可以通过并购将其他公司并入本企业，得以实现更好的发展。

最近，日本企业也越来越频繁地进行并购。企业经营者应探索并购的可能性。虽然并购未必可以取得成功，但如果不进行并购，企业自身发展就会受到限制。

企业可以通过并购不断扩大规模，从而形成规模经济，这是并购可以带来的优势。企业还可以通过并购获得新技术，吸引优秀人才加入本企业。此外，企业可以通过并购加快业务发展的速度。

竞争战略

竞争战略是思考如何在某个业务领域赢得竞争的战略。我在前文中已经为各位读者介绍了四种关于竞争战略的理论。

① 成本领先战略；

② 差异化战略；

③ 客户锁定战略；

④ 解题战略。

商业模式

商业模式是业务的盈利方式。竞争战略重视如何在竞争中取胜，而商业模式则重视如何盈利，两者的侧重点大不相同。

商业模式思维是指从部门负责人的视角出发，将左右两侧的相关内容放在一起考虑

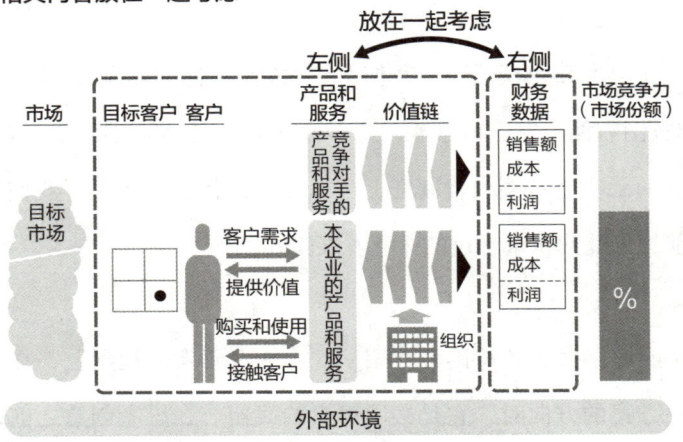

商业模式思维是指从部门负责人的视角出发，将第163页图左右两侧的相关内容放在一起考虑。这意味着我们要将目标客户、产品定位、渠道、价值链和财务数据结合起来，创造竞争优势。

在采用竞争战略时，从部门负责人的视角出发，第163页图左侧的企业行动产生的结果，体现在右侧的财务数据和市场竞争力上。这就是说左侧行为的结果会展现在右侧。

商业模式的本质是在不改变企业参与竞争的市场的情况下，将部门负责人视角左右两侧的相关内容放在一起思考。

比如企业通过强化价值链的部分环节，给客户提供特定的价值，打造满足小众市场需求的产品，与此同时改变产品的成本结构，实现提升产品利润率的目标。换言之，这是在改变第163页图左侧相关内容的同时，努力改变盈利方式（第163页图右侧的相关内容）。

在思考商业模式时，我们可以站在部门负责人的视角，从第163页图右侧出发进行思考，这十分管用。例如我们可以试着想一想"如果实施定额收费制度，可以发展出什么业务"。我们很有可能想出此前从未想过的业务发展模式。

至此，我为各位读者介绍了"企业经营者的视角"，在考虑解决方案的方向时，它是必不可少的武器。在思考创意之前，我

第 5 章
第五步 确定解决方案的方向

们可以试着探讨应该使用哪种战略理论。

现在，让我们一起开动脑筋想一想，该从哪部分下手解决课题。

第五步（确定解决方案的方向）私人定制西装株式会社篇

私人定制西装株式会社的本质性课题是：在市场竞争日益激烈的情况下，除了面料以外，自身没有具备优势的差异化要素；在高价细分市场无法战胜全定制西装店；门店的接待能力未能随市场营销投入加大而提升，导致门店的销售额下降。为了解决私人定制西装株式会社存在的问题，我们可以选择从哪些方向着手呢？

我们先来思考一下，应该如何在激烈的市场竞争中取胜呢？换言之，我们要思考应该采用哪种战略理论。在四种战略理论中，私人定制西装株式会社应采取哪种战略呢？

我们可以先考虑差异化战略。私人定制西装株式会社只有10家门店在东京都运营，无法通过规模经济取得竞争优势。如果一家企业的市场份额不是排名第一，那么这家企业就适合采用差异化战略。企业要明确自己的目标客户，推出能让客户满意的产品和服务。

目前，私人定制西装株式会社的目标客户应当不仅限于四五十岁的人群，还应该覆盖30岁左右的人群，因此有必要重新定义目标客户。此外，如果私人定制西装株式会社想要增加老客户的购买量，那就可以灵活运用客户锁定战略。

我们可以把差异化战略和客户锁定战略定为私人定制西装株式会社使用的战略。在此基础上，为了解决当务之急，我们应改变公司的哪部分呢？我们可以思考四个解决方案的方向。

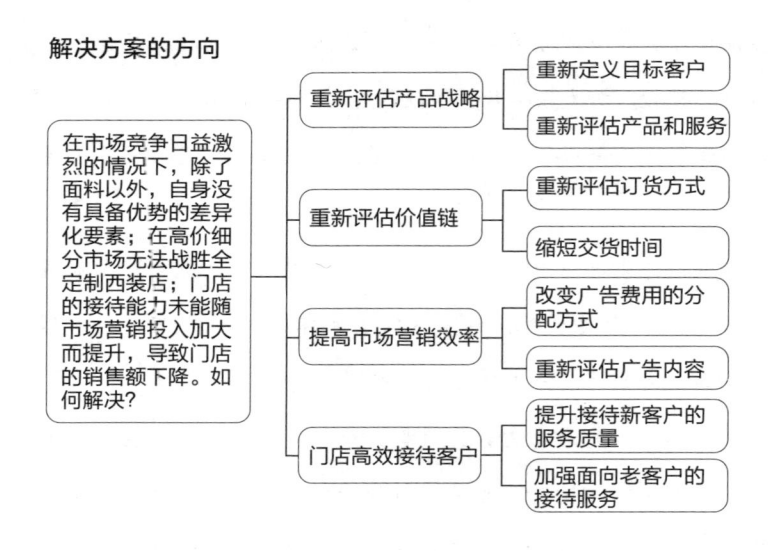

解决方案的方向

问题	方向	具体措施
在市场竞争日益激烈的情况下，除了面料以外，自身没有具备优势的差异化要素；在高价细分市场无法战胜全定制西装店；门店的接待能力未能随市场营销投入加大而提升，导致门店的销售额下降。如何解决？	重新评估产品战略	重新定义目标客户
		重新评估产品和服务
	重新评估价值链	重新评估订货方式
		缩短交货时间
	提高市场营销效率	改变广告费用的分配方式
		重新评估广告内容
	门店高效接待客户	提升接待新客户的服务质量
		加强面向老客户的接待服务

①重新评估产品战略。当实际应用差异化战略时，企业重新定义目标客户，之后重新评估企业的产品和服务。这是从作为企业发展基础的产品和服务出发评估解决方案的方向。随着市场营

销团队成立并开展工作，私人定制西装株式会社扩大目标客户，覆盖了30岁左右的人群。因此，私人定制西装株式会社需要重新评估目标客户，并相应地重新评估产品和服务。这就是以重新评估目标客户为起点，从企业的基础开始，逐渐改变战略。

②重新评估价值链。从制造、销售到交付西装，这一系列业务流程正在逐步改变。私人定制西装株式会社的门店给工厂的订货单还需要店员手写，这无疑浪费了店员的时间，影响了店员的工作效率。因此，我们需要重新评估订货方式，以提高竞争力。此外，目前西装交货需要四周时间，我们需要考虑如何缩短交货时间。重新评估价值链同样需要投入大量精力，逐渐完善私人定制西装株式会社的不足之处。

③提高市场营销效率。可以说，这次出现的问题的起因是营销活动。在定制西装的普及率越来越高的背景下，众多客户到店咨询，但这导致了店内待客效率低下。因此，我们要考虑重新评估市场营销策略。在此情况下，我们应改变广告费用的分配方式，重新评估广告内容。

④门店高效接待客户。可以说，尽管现在有很多客户到店，

但门店未能提供周到的接待服务。我们要改变这种状况，一方面提高接待新客户的服务质量，另一方面加强面向老客户的接待服务。

从何处着手？
选择标准是"可行性"×"影响力"

我们大致确定了解决方案的四个方向，那么我们应该从何处着手呢？选择标准有两个，分别是"可行性"及"影响力"。"可行性"指改变该部分的可能性。"影响力"指解决课题时的效果大小。

可以说，解决方案的影响力越大，我们就越应该努力执行解决方案。如果解决方案的可行性高、影响力大，那我们就应该立即执行解决方案。

在着手解决实际业务中的问题时，我们未必能立即找到可行性高、影响力大的解决方案。实际上，在多数情况下，我们可以找到一些可行性不高，但若能成功执行将产生很大影响力的解决方案，特别是在对企业的发展基础进行重新评估，并愿意花费较长的时间解决问题的情况下。即使我们可以预想到，这会遇到许多困难，也应该朝着这个方向努力前进。

在某些情况下，我们想要解决方案能够产生效果，那么即使解决方案能够产生的影响很小也无所谓。比如企业的业绩持续惨淡的时候，人们大都希望看到一些业绩好转的迹象，哪怕只是一点儿也好。在这种情况下，我们应该先执行可行性高的解决方案，即便其造成的影响力不大也没关系，而不是选择执行难度大的解决方案。可取得立竿见影的效果的解决方案可以取得"速胜"。在业绩持续惨淡的情况下，我们就要考虑如何快速取得盈利。

另外，如果我们改变第163页图左侧的相关内容，如市场和目标客户等，那就可以使业务面目一新。相比之下，强化价值链、调整组织架构和人员配置更容易实现。

第6章

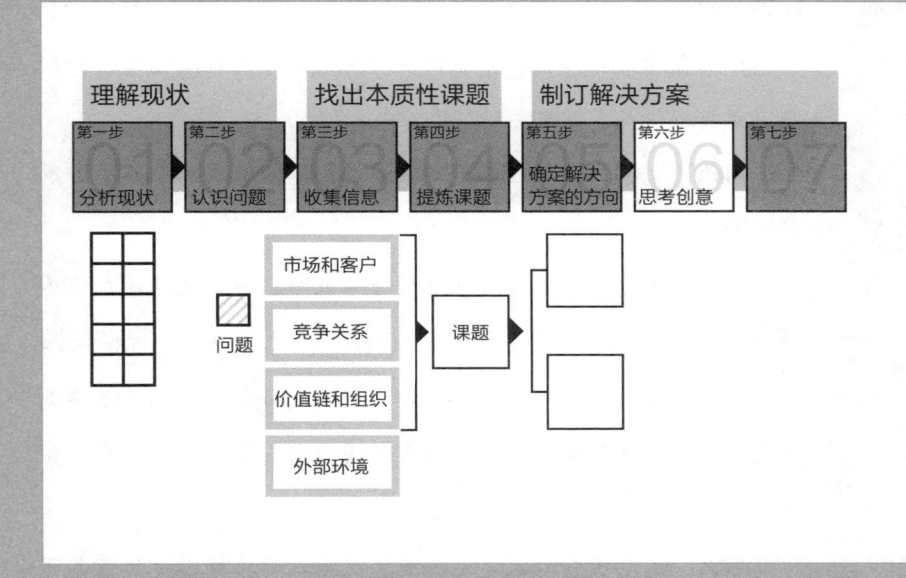

理解现状		找出本质性课题		制订解决方案		
第一步 分析现状	第二步 认识问题	第三步 收集信息	第四步 提炼课题	第五步 确定解决方案的方向	第六步 思考创意	第七步

问题 → 市场和客户 / 竞争关系 / 价值链和组织 / 外部环境 → 课题

第六步
思考创意

在私人定制西装株式会社的案例中，我们看到了解决方案的不同方向。

根据企业的实际情况，我们要对哪些部分进行改变呢？我们还有必要确认，需要改变到"什么程度"。

因此，我们向总经理报告了提案的内容，并说明了解决方案的方向。

我们建议总经理重新评估市场营销策略。但是总经理希望尽快采取行动，制订对策，在一年内取得成果。他认为，无须深入重新评估产品战略和价值链，希望通过延续目前的企业战略解决问题，取得立竿见影的效果。他希望提高门店接待新客户的服务质量，并将这一任务交给了我们。

那么，想要提升私人定制西装株式会社的接待客户的服务质量，我们应该做些什么呢？你能想出什么创意呢？

第六步是思考创意。我们将思考应该具体做些什么。

我们只有想出真正具有影响力的创意，才能产生实际效果。

我们往往会遇到这种情况：有心想要提出一些有趣的创意，却总是想不出来。那么，我们应该如何思考呢？在这种时候，我们可以灵活运用"让创意升级"的技巧。终于到了此时此刻，我们即将迈入解决问题的最后阶段，现在，让我们进入第六步吧！

第六种武器

让创意升级

各位读者是否对自己的创意充满信心呢？

面对这样的问题，我觉得应该很少有人敢说自己信心满满吧。这种反应是很正常的。其实只要是立刻能想到的创意，无论数量有多少，大家想到的往往都是相似的，我们的竞争对手肯定也会想到类似的创意。

因此，我们需要掌握一种新的武器：让创意升级。其包括三个要点。

要点①：试着凭直觉想出许多创意。

要点②：将凭直觉想到的创意有逻辑地扩展。

要点③：试着做一个有趣的人。

要点① 试着凭直觉想出许多创意

我们要重视自己的直觉。人是凭直觉思考的动物，无论想什么主题总会想出一些创意。

我们要把凭直觉想到的创意全部写下来，哪怕是自己觉得不可行的创意也没关系。我们写的创意越多，之后就越容易对这些创意进行优化。一两个创意是远远不够的，我们要想到什么就写什么。

我们可以换位思考，站在客户的角度思考客户想要什么样的产品。请试着想一想自己真正的需求，提出足以打动人心的创意。我们没必要做到面面俱到，请原原本本写下自己的所思所想。

在这一点上，我希望各位读者不要误解我的意思。

当我们试图解决问题的时候，我们可能觉得一切思考都必须符合逻辑，并且自己得出的结果也必须是合乎情理的。其实我们压根没必要考虑这种事情。在思考创意时，我们的大脑往往处于混沌状态，但这不要紧。

让自己放松下来，创意就会不断涌现出来。

我建议各位读者把想到的创意写在纸上，而不是仅在脑海中构思。

把想法写在纸上，我们可以通过视觉确认这些创意。在大多数情况下，视觉信息会进一步激发新的创意。

另外，我们需要明确一下思考创意的限制条件。

思考创意的限制条件是指在思考创意时不得不遵守的条件。

第 6 章
第六步 思考创意

在私人定制西装株式会社的案例中,总经理希望我们提高门店接待新客户的服务质量。如此一来,"想出的创意必须是关于接待客户服务的"便是限制条件之一。

30岁左右的客户群体认为私人定制西装株式会社的产品显得比较老气,因此我们应该考虑重新评估产品。

但是总经理要求我们先考虑如何提高接待客户的服务质量,因此"不重新评估产品"也是限制条件之一。

总经理还给我们提了一个要求,希望在一年内提高销售额,因此"解决方案能够马上实施"也是限制条件之一。

此外,我们也不能忘记思考创意的目的。

例如我们想到可以把接待客户的时间设为两小时,店员就可以游刃有余地接待客户了。如果我们把接待客户的时间设为两小时,大概能让客户非常满意,购买率也会相应提高,但这是总经理想要的解决方案吗?如果这么做,店员就会顾此失彼,无法应对众多到店的客户。如果店员大幅增加接待每位客户的时间,那就会导致接待客户数量下降,进而导致销售量减少。

换言之,我们这次要考虑的解决方案要在提高接待客户的服务质量的前提下,提高门店可接待客人的数量。

除此之外,在思考创意前,我们还要再次确认有何限制条件,以及解决方案的可行性。

要点② 将凭直觉想到的创意有逻辑地扩展

我们要在凭直觉提出创意的基础上,对创意进行扩展。

我们要以自己想到的创意为基础激发新的创意。这时,我们可以问自己三个问题。

第一个问题是:换句话说,这意味着什么?

通过认真思考这个问题的答案,我们可以提高创意的抽象程度。凭直觉想出的绝大多数创意的内容都是很具体的。我们可以试着提高创意的抽象程度,借此思考有无其他创意。

例如我们思考私人定制西装株式会社提高接待新客户的服务质量的方式。

其中一个创意是"提高店员提供建议的能力",让店员能按照客户的要求给客户提供最合适的建议。从"提高店员提供建议的能力"出发,我们可以进一步扩展自己的思维,问自己:"换句话说,这意味着什么?"

我们可以试着提升"提高店员提供建议的能力"的抽象程度,归纳出"提高店员的销售技能"的构思。

第二个问题是:具体要做些什么?

如果我们想出的创意比较抽象,那么我们可以问自己:"具体要做些什么？"这样我们就可以想出更为详细的创意了。

对抽象的创意不断细化，我们才能思考出详细的解决方案。让我们继续练习提出关于私人定制西装株式会社的问题。

接下来，我们试着问问自己："如果想要'提高店员的销售技能'，那么我们'具体要做什么'？"在这个过程中，除了最初的创意外，我们可能想到新的创意。

既然能想出"提高店员提供建议的能力"，那么我们自然能想出其他创意，如"提高店员的倾听能力"。这样就出现了两个具体的创意："提高店员提供建议的能力"和"提高店员的倾听能力"。

如上所述，通过在抽象和具体之间来回切换，创意就会一个接一个出现。

但我们不能满足于此，我们要以此为起点，不断扩展思维，想出更多创意。

第三个问题是：是否还有其他办法？

通过这个问题，我们可以进一步扩展思维。

那么，让我们继续深入思考私人定制西装株式会社的情况。

我们可以思考一下是否还有其他方法可以提升接待新客户的服务质量。目前想到的"提高店员的销售技能"，仅关注提升店员的技能，考虑到软件与硬件是相对的，这样我们就可以想到"充实店内设施"。因此，我们可以把"充实店内设施"写在"提高店员的销售技能"旁边。

这样，我们就加上了"充实店内设施"的创意。那么我们自然而然会注意到"充实店内设施"的下方空空如也。那么，我们就可以问自己："具体要做些什么？"

我们来思考一下"充实店内设施"具体意味着什么。通过这个方法，我想到了"准备包间"及"展示面料样品"。

目前，私人定制西装株式会社的门店人满为患，客人无法淡定地挑选西装，因此我想到了"准备包间"的创意。

此外，店员一直都是将成捆的面料样品交给客户，让客户从中挑选，导致客户难以挑选出心仪的面料。为了改善这种状况，我想出在店内"展示面料样品"的创意。

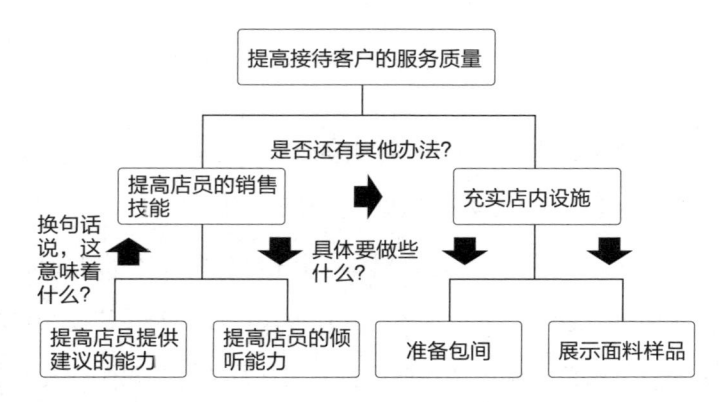

```
                    ┌─────────────────┐
                    │ 提高接待客户的服务质量 │
                    └─────────────────┘
                              │
                    是否还有其他办法？
              ┌─────────────┐  ➡  ┌─────────────┐
              │ 提高店员的销售 │     │ 充实店内设施 │
              │ 技能         │     │             │
              └─────────────┘     └─────────────┘
    换句话          ↓   具体要做些            ↓         ↓
    说，这          ↓   什么？
    意味着    ┌──────────┐ ┌──────────┐ ┌────────┐ ┌──────────┐
    什么？    │提高店员提供│ │提高店员的倾│ │准备包间│ │展示面料样品│
              │建议的能力  │ │听能力     │ │        │ │          │
              └──────────┘ └──────────┘ └────────┘ └──────────┘
```

就像这样，我们还能继续想出许多创意。如上所述，我们要不断问自己，以扩展思维，想出更多创意。

"换句话说，这意味着什么？"
"具体要做些什么？"
"是否还有其他办法？"

通过反复问自己这三个问题，我们就可以逐步完成树状图。此处，请各位读者记住，创意是在灵光乍现的情况下诞生的。

我们要先尽量多想出创意，再对其进行评判。我曾与很多人一起工作，我发现有些人的思考能力的韧性很强。在大多数人停止思考的时候，有些人仍在继续思考。

请各位读者在初步完成思考后，试着问自己："是否还有其他办法？"那一刻往往是我们突破常规思维方式束缚的瞬间。有时，那一刻闪现出的创意会让我们自己觉得非常有成就感。只要我们坚持思考创意，就能不断扩展自己的思维。

要点③　试着做一个有趣的人

目前为止，我们以灵感为基础构思了一些创意，并对这些创意进行升级。我常常有意识地模仿自己觉得有趣的人。大家身边有满脑子奇思妙想的人吗？

有趣的人往往都有一套自己专属的构思创意的技巧。我们可以设想对方正处理的课题与我们面对的课题类似，然后按照对方的思维方式思考问题。

如果我们按自己的思维方式思考创意，在思考时将不可避免地囿于常识之中。现在，让我们充分发挥奇思妙想，摆脱常规思维方式的束缚。

当我们能完全站在他人的角度思考问题，我们就可能想到令自己耳目一新的创意。

因为工作关系，我认识了许多优秀的管理者，他们来自不同行业。许多人把他们当作学习的对象，希望能拥有他们的思维方式。但是，如果我们仅仅憧憬拥有和他们相同的思维方式，我们是无法按照他们的思维方式思考问题的。

因此，我会尽量用语言把那些优秀的管理者的思维方式最令人赞不绝口的部分表述出来。如果我们能说出别人的出色之处，那就能模仿其出色之处。

我们特别需要注意那些人的口头禅。如果我们细心观察别人，就可以发现每个人都有自己的口头禅。我们可以试着模仿别人的口头禅，借此模仿别人的思考过程。

比如有些人常常使用"原本",有些人则会先提出常见的想法"人们一般都是这样想的",之后再试图超越这种想法。我们可以试着真正做个有趣的人,跳出自己的思维边界,提出不一样的创意。

有趣的人会批判自己的创意

有趣的人经常会对自己的创意进行批判。

有趣的人总在思考问题。在这个过程中,他们可以看清什么事情是有趣的、什么事情是无趣的。正因为此,他们能够对自己的创意进行批判。

有趣的人之所以有趣,原因就在于此。换言之,他们既可以肯定有趣的创意,也可以否定无趣的创意。这是一种非常重要的武器。

在最近的社会风气影响之下,我感觉现在的职场中很少有人会否定他人想出的创意,即使这个创意平淡无奇,也会受到赞扬。为什么呢?因为对创意进行批判是需要勇气的。很多人因为害怕批判对方的创意会招来对方情绪化的反驳,所以即使对方想出的创意并不是很出色也不得不说出赞美的言辞。

平淡无奇的创意是没有什么价值的。如果我们直接采纳就会存在很大风险。那么，我们要如何才能掌握能够判断创意是否有趣的能力呢？

能够判断创意是否有趣的人，时时都在研究这个世界。他们不仅研究自己从事的行业，也时常思考其他行业的情况。

· 这个产品为什么能畅销？
· 那个产品为什么卖不动？

比如很多企业推出了订阅服务。有趣的人会按自己的思维方式研究目前流行什么样的订阅服务，思考订阅服务取得巨大成功的理由。

比如奈飞公司的订阅服务备受消费者追捧，而有些企业的订阅服务则一败涂地。有趣的人并非受人之托思考问题，而是自发思考那些提供订阅服务失败的企业存在的问题。

通过长期思考，一个人辨别有趣事物的能力就能被锻炼出来。正因为拥有敏锐的眼光，所以有趣的人也会严厉批判自己提出的创意。让我们设想一下，私人定制西装株式会社开始推出订阅服务。

我们可以试着将私人定制西装株式会社和目前流行的订阅服务联系起来。

第6章
第六步 思考创意

在这个阶段，是否满足于自己之前提出的创意，决定了一个人能否提出有趣的创意。企业在没有认真研究的情况下就推出订阅服务，可以大获成功吗？如果有人认为这样可以取得成功，那他的想法就有些浅薄了。

时常研究世界上各种事物的人，也会研究订阅服务的相关内容。因此，我们绝不要觉得推出订阅服务就必能取得成功。让订阅服务取得成功成为可能的是平时的研究活动。

我想许多人会对自己感兴趣的企业或产品进行研究。但我们不仅需要研究自身感兴趣的事情，还应该研究各行各业的情况，这种研究的重要性在不断增加。在当今时代，只了解自己从事的行业是远远不够的。

为了帮助大家进行日常研究，我本人也提供了一种服务——"BBT日常课程"。每天早上6点，我会在BBT大学的校园网上给出各种题目，并给学员10分钟时间思考答案。我每周都对题目进行解说，以此帮助学员提高研究事物的敏感度。即使该题目与自己关系不大，我们也可以通过日常思考，培养自己研究各种事物的习惯。

请各位读者尝试对我在私人定制西装株式会社案例中最开始提出的创意进行批判。

在我最开始提出的创意中,我认为店员应当认真听取每位客户的要求。但我最近觉得,与让店员仔细听取客户的想法相比,店员先提出方案可能更能让客户满意。

购物网站会根据客户之前的行为记录为客户提供购买建议。那么,如果店员不询问客户的要求,仅通过观察客户的样貌和着装等外部特征就能提出购买建议,是不是会更令客户感到满意呢?

如果进一步批判的话,我们可能会认为自己的创意很无聊,都需要通过人才能实现。在当今时代,是否可以用机器人接待客户呢?是否可以为客户拍摄照片,分析其信息,然后提供最合适的建议呢?

如上所述,批判自己提出的创意,然后进一步想出新的创意,我们就能想出超出自己思维常识的创意。

第六步(思考创意)私人定制西装株式会社篇

请在第六步中思考创意,题目是"提高私人定制西装株式会社接待新客户的服务质量"。按以下流程进行。

① 尝试凭直觉提出创意。

- 试着将所思所想原原本本写出来。

- 在此时,不要忘记限制条件。

②尝试进一步扩展构思。

- 换句话说,这意味着什么?

- 具体要做些什么?

- 是否还有其他办法?

③尝试模仿你觉得有趣的人。

- 你觉得谁是有趣的人?

- 试着模仿那个人的口头禅与思维方式。

- 你的构思是有趣的还是无趣的?

- 进一步试着思考,构思能否升级?

第 7 章

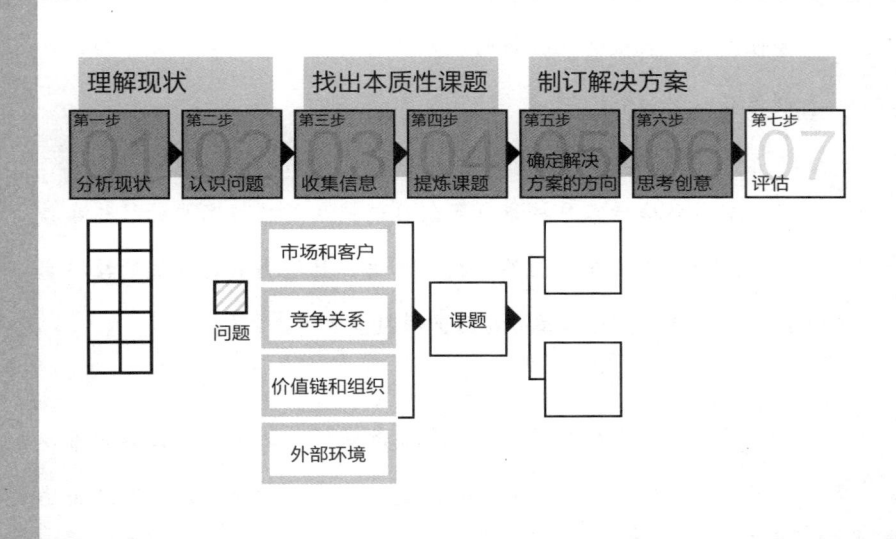

理解现状	找出本质性课题	制订解决方案

第一步 01 分析现状 → 第二步 02 认识问题 → 第三步 03 收集信息 → 第四步 04 提炼课题 → 第五步 05 确定解决方案的方向 → 第六步 06 思考创意 → 第七步 07 评估

问题 → 市场和客户 / 竞争关系 / 价值链和组织 / 外部环境 → 课题

第七步
评估

我们为解决私人定制西装株式会社存在的问题而埋头努力至现在，终于抵达了第七步。我们要选出自己的最终创意，并向总经理汇报。我们有10分钟时间说明自己选择的创意。我们想到的创意有以下六个。

①举办接待客户技能竞赛。目前，店员接待客户的技能参差不齐。为了提高店员的整体技能水平并且检查店员掌握的接待客户技能的情况，可以举办接待客户技能竞赛。

②更换门店的背景音乐。想要改变门店的氛围，让客户可以慢慢挑选心仪的西装，我们可以更换门店的背景音乐，营造出悠闲的氛围。

③准备包间。即使门店内已经有预约上门的客户，无预约的客户仍会纷至沓来。这导致门店的氛围变得紧张，客户没法从容悠闲地挑选西装。为有预约的客户准备专用的包间，以便其从容挑选西装。

④更改网络预约时填写信息的表格。为了提高接待客户的服务质量，我们应按照客户要求，为其提供购买建议，这是极其重

要的。因此，通过更改网络预约时填写信息的表格，事先了解客户的需求，有利于门店迅速为客户提供购买建议。

⑤更改店内店员排班计划。为了提高接待客户的服务质量，提升店员的技能固然重要，但增加可以接待客户的店员人数也是很重要的。重新评估店员排班情况，可以提高客户到店高峰期的应对能力。

⑥引入虚拟试穿工具。目前的接待客户的流程是由店员把面料样品交给客户，由客户自己挑选，但客户对哪种面料适合自己并没有概念，因此难以做出选择。因此，可以引入虚拟试穿工具，根据客户的照片为其换装。

在这六个创意中，哪一个可以独占鳌头呢？为了争取创意付诸实践，我们应该如何向总经理进行说明呢？我们一路努力到现在思考出了提案，无论如何都要争取让方案得以实施才行。

冷静选择，时间和资金都是有限的

最后，我们要将想到的构思作为解决方案，并对其进行评估，然后决定执行方案。

在这一环节，我们需要冷静地选择。在我们努力解决问题时，我们很容易产生一种念头，无论如何都想实现自己想到的创意。这样一来，我们就可能会在不冷静的状态下做出错误的判断。

在第七步，我们将制订判断标准，以此判断应该实行哪个方案，与远取最终创意。

此外，当我们脑海中的创意一个个往外涌现时，我们往往想要将它们付诸实践。但我们必须明白，可用于解决问题的时间与资金都是有限的。"想做的事情总是远远多于能做的事情"，我们无法把所有我们想做的事情都付诸实践。在这些想做的事之中，我们必须有所取舍，选择我们真正应该做的事情。

我们必须将选取创意与提高业绩紧密结合起来，然后将实施方案的流程描绘为一个完整的过程，这样就能明确各部门目标，并付诸行动了。

第七种武器

冷静选择

那么，我们该以什么判断标准选择创意呢？下面我来介绍一下制订判断标准的方法。为此，我们需要灵活运用的武器是"冷静选择"。

在制订判断标准时，我们千万不能自以为是，要一边不断变换视角，一边制订判断标准。然后，我们要将该创意解决问题的流程描述出来。一旦确定了最终创意，我们就要模拟当天对总经理进行说明的场景，并反复练习。

我将为各位介绍冷静选择创意的三个要点。

要点①：制订判断标准，选择创意。

要点②：描述解决问题的流程。

要点③：模拟说明。

要点① 制订判断标准，选择创意

在商业活动中，有三个重要的判断标准。

第一，业绩影响力。我们要考虑选择的创意能给企业的业绩带来多大正面影响力。在私人定制西装株式会社的案例中，总经理关注的重点是提升销售额。因此，我们需要实施有可能大幅提升销售额的创意。

第二，成本。虽然总经理关注销售额，但这并不意味着只要能够提升销售额就不用考虑其他因素了。在执行解决方案时，我们应考虑执行解决方案是否需要初期投资，并拿出具体的预算明细。

第三，时间。我们还要考虑创意从实施到见效的时间。当然，解决方案见效越快越好。在私人定制西装株式会社的案例中，总经理希望能在一年内见到成效。

尝试变换视角

我们要确保自己不会在选择创意时头脑发热、自以为是。

当想出足以解决问题的创意时，我们难免会心潮澎湃，但这便是隐患所在。我们要从不同的视角评估该创意是不是最好的创意。

我们尤其容易只从本企业的视角考虑问题。虽然我们需要从本企业的视角选择最好的创意，但是这就有可能导致我们忘记从竞争对手的视角考虑问题。我们不应只从本企业的视角考虑问题，还要从竞争对手、市场和客户的视角考虑问题。

例如我们正思考如何制订判断标准，以判断本企业应采取哪种对策。

"本企业应采取哪种对策呢？"我们在思考这个问题时，可以改变问题，将其变为：竞争对手最讨厌本企业采取哪种对策呢？

要想在竞争中胜出，我们就不能只想着做自己想做的事情。做竞争对手讨厌我们做的事情和其做不到的事情，这也是取胜的关键视角之一。

如果竞争对手也能采取本企业采取的对策，那么本企业的对策可能很快就会被竞争对手效仿。因此，当本企业打算实施竞争对手未实施的对策时，我们需要慎重考虑是否真的要这么做，并且试着考虑竞争对手为什么没有采取这种对策。

如果我们认为竞争对手想不到自己想到的创意，那就未免有些自负了。更为妥当的做法是，假设竞争对手也考虑过相同创意。我们应该假设竞争对手也想到了类似的创意，但最后因为某种原因没有真正实施。经过这样慎重思考，我们就可以冷静下来，考虑我们是否真的应该实施自己想到的创意。

同样，我们也要考虑一下，我们是不是没有从市场和客户的视角考虑问题。"市场和客户最喜欢哪种做法？"通过这类问题，我们就能不断发现不同的判断标准。

从本企业、竞争对手、市场和客户三个视角综合考虑问题，我们就可以提高创意最终取得成功的概率。当想到创意时，我们不能忘乎所以，必须保持冷静，并尝试从不同视角选择创意。

时间也是一个非常重要的判断标准。我们在努力解决实际工作中遇到的问题时，往往希望可以立即取得成果。但是，真正重要的成果能在短期内取得吗？实际情况往往不是这样，我们往往要通过长时间努力才能取得重要的成果。

在私人定制西装株式会社的案例中，总经理说希望立即见到成效，但我们要从不同的视角考虑事情。

从长远来看，我们应该做些什么呢？企业经营活动的前提是可持续性。比起业绩在短期内略有好转，我们更应该着眼于如何让企业基业长青。

如果我们一味追求在短期内取得成果的话，可能会对企业的未来产生不利影响，那就得不偿失了。

这样，我们在制订判断标准后，就可以实际评估创意了。

我们以"业绩影响力""成本"和"时间"三项指标为标准对创意进行评估。5分为最高评分，1分为最低评分。利用这个评估标准，我们评估了六个创意，最后决定选择"更改店内店员排班"，因为其总分最高。

这次，三个项目的满分均为5分。如果存在我们特别重视的项目，我们可以修改评分标准，对我们重视的项目的分数进行加权，再进行评估。

讨论的结果是，决定更改店内店员排班计划

创意	业绩影响力	成本	时间	总分
①举办接待客户技能竞赛	2	5	4	11
②更换门店的背景音乐	1	4	5	10
③准备包间	3	1	2	6
④更改网络预约时填写信息的表格	3	3	3	9
⑤更改店内店员排班计划	4	4	4	12
⑥引入虚拟试穿工具	2	3	3	8

另外，在实际工作中，我们有时很难为指标打分，并对其进行评估，特别是业绩影响力之类的指标，如果没有付诸实践的话是很难准确评估的。但是，我们需要想办法评估，而不是停止思考。

我们可以试着直接询问客户的想法。只要试着问一问，哪怕只有一两位客户，我们就能了解客户的感受了。如果有可能，我们可以用想到的创意做个实验，了解客户对这些创意有何反应。这样我们就能比较准确地了解客户对创意的想法，了解这些创意能够取得什么效果。

要点② 描述解决问题的流程

我们下定了决心，将"更改店内店员排班计划"作为最终提出的创意，下一步便是如何描述解决问题的流程了。

解决问题的流程主要描述解决问题的因果关系。我们可以通过一系列流程描述我们提出的创意能够解决问题的因果关系，并说明实施创意能够取得的效果。

"部门负责人的视角"图在此处同样可以起到积极作用。第197页图描述了解决问题的流程，以数字表示问题发生的流程。

让我们逐一看看问题发生的流程，括号中的内容表示业务部门正在发生变化的地方。

① （价值链）三年前加强了网络营销工作。

② （渠道）除目前的客户群体外，也在接触其他客户群体。

③ （目标客户）除目前的核心客户群体外，目标客户还覆盖了首次购买西装的30岁左右的群体。

④ （客户需求）当下主要客户群追求的西装款式不同于30岁

左右客户的需求，后者多是私人定制西装株式会社的新客户。

⑤（渠道）预约客户数增加了，而且无预约到店的客户人数也增加了。

⑥（价值链）店内的店员无法应对现状，不能从容地接待每一位客户。

⑦（财务数据）到店客户的购买率下滑，再加上独创款式西装占比下滑导致平均售价下滑，因此销售额持续下滑。

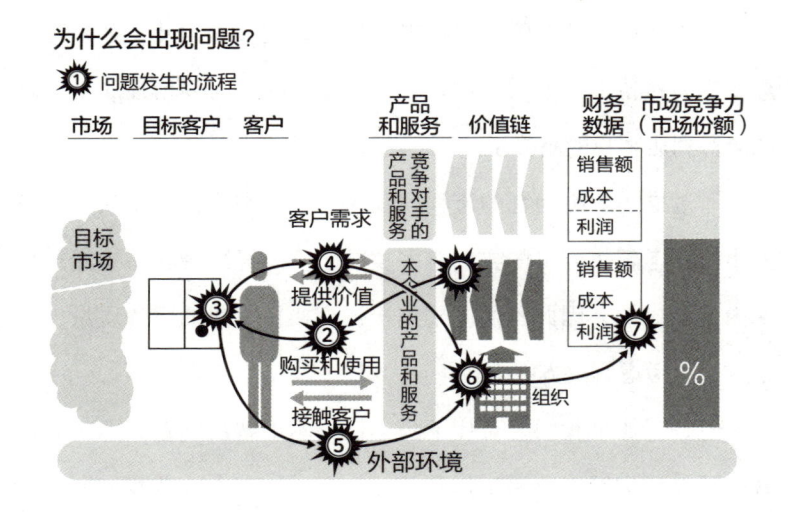

为什么会出现问题？

① 问题发生的流程

| 市场 | 目标客户 | 客户 | 产品和服务 | 价值链 | 财务数据 | 市场竞争力（市场份额） |

（图示：目标市场 → 客户需求④ → 提供价值 → 购买和使用② → 接触客户⑤ → ③ → 竞争对手的产品和服务 → 本企业的产品和服务① → 组织⑥ → 外部环境 → 销售额/成本/利润 → ⑦ %）

对此，我们探讨了多种解决方案，最终决定设法提高接待客户的服务质量，在反复考虑后确定最终创意，通过重新评估店员排班情况并更改店内店员排班计划，提高门店应对客户到店高峰

197

期的能力。

将该创意解决问题的流程描述出来。由于此次改变只涉及店内接待客户部分，所以①—⑤的流程没有任何改变。我们要对⑥进行改变。这意味着我们的客户群体，既包括50岁左右的客户群体，也包括30岁左右初次购买西装的新客户群体。

此外，到店的客户不仅包括有预约的客户，还包括因一时兴起而前来光顾的无预约的客户。虽然店员必须应对众多客户，但客户也没有多到需要排起长队的地步。

到店客户比较多的时间仅限于特定时间段。因此，如果我们想要提高接待客户的服务质量，只需要在这个时候增加店员，就能应对到店客户的高峰了。

通过描述解决问题的流程，我想各位读者应该再次认识到第五步中思考解决方案的方向有多重要了。总经理现在希望能在短期内见到成效，因此我们应聚焦于提高接待客户的服务质量，基于这一点考虑解决方案。

但是，如果我们要对症下药，从根本上解决问题，那么我们就应重新评估网络营销工作和目标客户。这就意味着我们要进一步调整企业的经营基础。

在这种情况下，我们可以从企业的经营基础着手改变，但这就需要考虑更多的因素，还需要耗费大量时间。

此次，我们追求能在短期内见效的解决方案。如果我们换一个角度来看，其实众多客户到店的情况是极为少见的。对此，我们提出了一个解决方案：更改店内店员排班计划。

归纳起来，解决问题的流程如下：

①—⑤还是和此前一样。我们将解决问题的流程分为A、B、C三个部分。

A部分：现在店内的店员难以应对目前状况，因此我们要增加可接待客户的店员人数。

B部分：重新评估店员排班情况，更改店内店员排班计划。通过更改店内店员排班计划，实现A部分。

C部分：销售额提升。

如上所述，我们可以利用部门负责人的视角，描述解决问题的流程，以此确认解决方案是否能从整体上发挥作用。

为什么会出现问题？

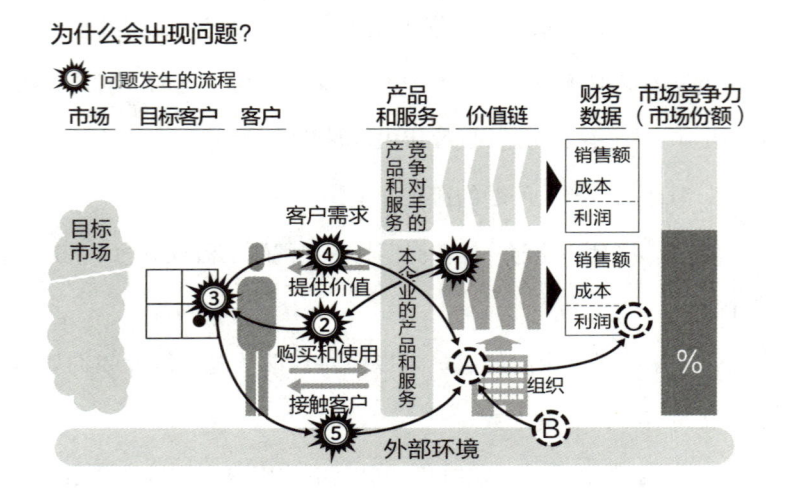

① 问题发生的流程

市场　目标客户　客户　产品和服务　价值链　财务数据　市场竞争力（市场份额）

目标市场

客户需求 ④
提供价值
购买和使用 ②
接触客户 ⑤
③
外部环境

竞争对手的产品和服务
本企业的产品和服务
组织

销售额
成本
利润

A、B、C
％

通过KPI思维，明确流程

我推荐各位读者运用KPI思维，描述解决问题的流程。KPI是关键绩效指标（Key Performance Indicator）的缩写，指可以实现目标的关键指标。

与此相对，最终的财务业绩目标，被称为KGI（Key Goal Indicator，关键目标指标）。在私人定制西装株式会社的案例中，KGI就是恢复销售额。

KPI思维能帮助我们明确解决问题的流程。通过了解企业内部各部门之间的关系如何变化，我们就能明确知道这种变化与KGI

之间的关系。

我们要充分利用"部门负责人的视角",观察哪个数值变化有助于最终提升销售额,以此确认两者间的因果关系。

为了达成KGI,企业各部门必须作为一个整体,朝着同一个方向努力。

我们要站在总体的角度,把市场和客户的数据、价值链的数据和组织的数据视为整体。通过把所有部分串联起来,我们便能形成解决问题的流程,从而明确在实际工作中应该采取的措施。

在此基础上,只要我们努力实现各部门与个人的目标,就能战胜竞争对手,赢得客户的青睐。思考其中联系,明确因果关系就是解决问题的关键。

如果我们无法将财务数据、市场和客户的数据、价值链的数据、组织的数据串联起来,各部门就无法形成合力。

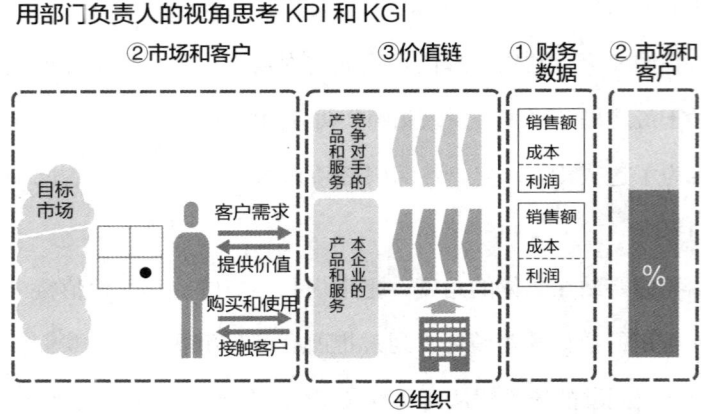

用部门负责人的视角思考 KPI 和 KGI

②市场和客户　　③价值链　　①财务数据　　②市场和客户

［图示：目标市场、客户需求、提供价值、购买和使用、接触客户；竞争对手的产品和服务、本企业的产品和服务；销售额、成本、利润；④组织；%］

首先，我们要关注财务数据。私人定制西装株式会社的最终目标是提升销售额。

其次，我们要关注市场和客户。在私人定制西装株式会社的案例中，我们打算更改店员排班计划，增加客户到店高峰时段的店员人数，最终达成提升销售额的目标。

我们需要观察的关键指标之一是购买率。因为目前店员仍然无法从容地接待客户，所以我们希望通过增加接待客户的店员数量来提高接待客户的服务质量，从而提高购买率。

此外，如果我们想通过让店员从容地接待客户来提高独创款式西装的销售占比，那我们还应该观察这项数据。

到目前为止，店员常常不分析客户的具体情况就给客户推荐时尚款式西装。如果我们想要纠正这个问题，那我们同样必须观察一下时尚款式西装销售占比这项数据。如上所述，我们可以通过KPI思维明确解决问题的流程。所有的指标都是相互关联的。

选择关键指标的方法，能大大改变事业运营的面貌

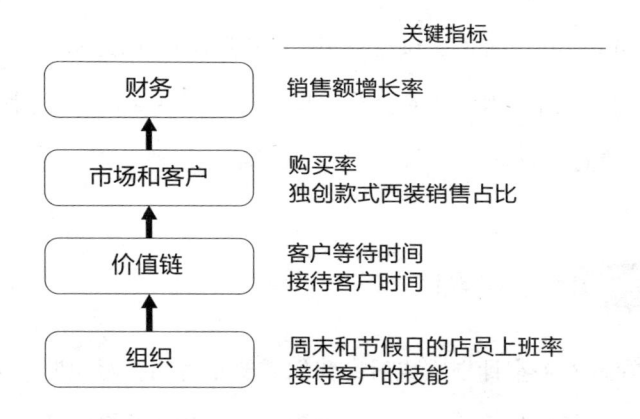

	关键指标
财务	销售额增长率
市场和客户	购买率 独创款式西装销售占比
价值链	客户等待时间 接待客户时间
组织	周末和节假日的店员上班率 接待客户的技能

再次，我们要关注价值链。在企业各流程中，我们应该关注什么数值？为了提升购买率，关键在于减少客户的等待时间。因此，在这种情况下，我们应将客户等待时间设为KPI。

那么，我们是将平均等待时间设为KPI，还是将等待时间超过10分钟的客户数量设为KPI呢？设定的指标存在少许差异都将大大改变一线员工的行动。或者，我们可以尝试将店员接待每位客户的时间设为KPI。

最后，我们要关注组织。解决方案的关键在于灵活应对客流情况的排班制度。此外，目前店员接待客户的技能参差不齐，如果这种情况没有改变，那么单纯增加可接待客户的店员人数，也未必会有好的效果。因此，我们可以对店员接待客户的技能进行定量评价，以改变这种状况。

如上所述，我们尝试用KPI思维实现KGI，以此明确解决问题的流程。但是，KPI过多会导致现场作业陷入混乱。我们设定的KPI必须简单易懂，并足以改变一线员工的行动。

要点③ 模拟说明

在最终提案计划完成后，我们需要花时间练习说明。无论我们对自己的计划多么有信心，如果无法得到决策者的认可，我们就不能实施自己的计划。

我们需要在会议上提出计划，并设法让计划通过。如果我们到最后一刻都还拘泥于计划的内容，而未能在说明时表达自己的想法，那之前做的努力都白费了。

如果我们无法在说明会上让决策者认可自己的计划，那就根本无法实施计划。这真是令人不甘心，因此我们无论如何都要想办法让决策者准许我们执行计划。

在我们向企业经营者和上司说明情况时，他们应该会给一些评论和反馈，很少会出现完全赞成的情况。正确理解计划，并拍板定案，这是企业经营者和上司的职责。如果他们完全赞成我们的计划，就可能会被认为没有尽到应尽的职责，因此他们理应给我们一些反馈。

其中也可能包括尖锐的评论。既然如此，我们应该事先做好准备。听我们说明情况的对象基本是固定的，一般就是总经理和董事等高层管理者。因此，我们只要掌握对方提问的喜好，然后采取相应的对策就好了。

在实际进行说明之前，请务必进行意象训练。我们可以想象一下，在说明结束后，对方大概会问什么问题。听我们说明的也是人，必然有自己的习惯。

我认为我所在的企业的总经理有一个特点，就是绝对会问我某一方面的问题，而部门负责人的特点是总会详细询问一些关于成本的问题。就像这样，我们可以事先进行意象训练，想象对方会提出什么问题，提前做好准备。

只要做好充分的准备，恐惧感便会逐渐消失。在进行意象训练时，如果我们能完全体会对方心情，并模仿对方，那我们就可能有完美的表现。我们可以试着体会对方的心情，试着完全站在对方的立场，思考对方在听完自己的说明后有什么感受。像这样想象着对方的心情,我们就能进一步打磨自己的说明内容,做好说明准备。

说明会并非靠临场发挥决定成败,在说明会开始前,成败已经决定了。因此,我们一定要留出时间做好准备。

第七步(评估)私人定制西装株式会社篇

我们终于来到了这最后一步!让我们实际选取一个创意,并试着为此进行模拟说明。

要点①:制订判断标准,选择创意。
- 思考一下,判断标准是什么。
- 试着变换视角,重新评估创意。

要点②:描述解决问题的流程。
- 试着描述问题发生的因果关系。
- 试着描述解决问题的因果关系。
- 思考一下,KPI是什么。

要点③:模拟说明。
- 尝试练习说明。

- 进行意象训练，想象要回答什么问题，事先备好应对之策。

解决问题从小处开始

私人定制西装株式会社的案例的最终结论非常简单：更改店内店员排班计划。我们先选择设法改善现状，设法"提高接待客户的服务质量"。

可仅凭这一点，可能无法彻底解决问题。说实话，尽管我们想重新审视市场营销工作，可总经理不赞成我们的想法。这是因为，在第五步中，讨论确定解决方案的方向时，总经理不准许我们选择提高营销效率这一方向。总经理认为，只要重新评估接待客户服务就可以解决问题了。

但是从门店的现状来看，我们很容易就能发现，市场营销活动吸引来的客户不属于本企业的目标客户。因此，在开始推进"更改店内店员排班计划"的解决方案时，我们应该开始下一步行动。

换言之，我们现在应该开始行动起来，收集数据，之后向总经理再次提议"重新评估市场营销策略"。如果我们能够证明"市场营销活动花费了大量广告费，但吸引来的客户不会真正购买西装"，就能得到总经理的认可。这样，我们就能采取下一步行动，实行更具有影响力的解决方案。

在解决问题的过程中，很少有能够一劳永逸的方法，现实情况与课题一直都在变化。哪怕我们从一开始就不断坚持应该"重新评估市场营销策略"，如果无法获取决策者的认可，事态就不会有任何进展。

因此，我们要思考当下能做什么，朝着解决问题的方向前进，这才是最重要的。

结　语

衷心感谢各位读者能够读到此处。

私人定制西装株式会社的故事接下来会怎么发展？各位读者在阅读的过程中，是否感到有意思呢？

理解现状，思考下面该做什么，通过验证事实，逐渐弄明白问题发生的机制。在这一过程中，通过掌握解决问题的"地图"和"武器"，我们可以在思考中享受乐趣。

我们要考察自己要解决的问题有什么游戏规则，然后制订作战计划，最终通过各个关卡。为了通关，我们还需要伙伴伸出援手。在私人定制西装株式会社的案例中，除了我们以外，总经理、市场营销负责人、新桥店的店长，每个人都朝着不同的方向努力，结果导致企业经营出现问题。

在现实中，企业的各部门也会因利害关系而发生冲突，最终导致企业失去竞争力。在这种情况下，我们需要站在"部门负责人的视角"，俯瞰整体业务找出真正的课题，制订出具有重大影响力的解决方案。通过平时不断积累，在业务一线解决实际问题，你可以掌握新的思维武器，使自己解决问题的能力得到不断提升。

我们无法一次性掌握完美解决问题的诀窍。在创作本书的过程中，我有了全新的发现。创作这本书是一个巨大挑战，通过一个完整的故事让读者提升解决问题能力，这是很有难度的。通过私人定制西装株式会社的案例，我自己也更加深刻地理解了在实际工作中灵活运用解决问题的方法的要点。

　　此外，通过教导他人，我自己也能更加深入地研究解决问题能力。我希望有更多的人能在职场中将解决问题的能力传授给部下与后辈。虽然身为培训师，我说这话有些奇怪，但我希望在业务一线工作的主管人员可以更积极地将解决问题能力教给他人。这样的话，解决问题的能力将在众多企业中得到应用，从而发挥出更大的效果。

　　今后，我将进一步深入研究解决问题的能力，同时邀请更多伙伴向广大职场人士介绍解决问题的能力。如果本书能成为这项事业的起点，那将是我的荣幸。

　　我要先感谢朝日新闻出版社的佐藤圣一先生和苹果种子代理公司的宫原阳介先生，他们从本书的策划阶段到创作阶段给我提供了许多宝贵建议。

　　此外，我还要感谢邀请我做培训的各家企业，给我机会让我为各位学员提供培训。通过每次培训后学员的反馈，我得以不断打磨培训课程的教案，形成了本书的核心内容。

最后，我要感谢BBT大学的大前研一会长和柴田严总经理对我创作本书提供了热情支持。正因为有了能够做自己想做的事情的环境，我才能完成这个挑战。我还要感谢我的同事，他们总是与我一同迎接新的挑战。

高松康平